決定版
出世のすすめ

佐々木常夫

角川新書

はじめに

昨年、角川新書から上梓《じょうし》した『決定版　上司の心得』が、おかげさまで好評をいただいている。本書は、それに続く第二弾の位置づけとなるものである。

角川新書から1冊目出版の打診があった当初、正直に言うと、世の中にはリーダー論についての本があふれており、すでに言い尽くされているのではないかと若干の躊躇《ちゅうちょ》があった。その一方で、時代の波に乗るための技術論が氾濫《はんらん》し、本質が置き去りにされていることが気になっていた。今の時代だからこそ伝えるべきことがあるような気がした。

世間では、あまりにも情けない不祥事が立て続けに起きていた。

東芝の利益水増し、東洋ゴムの性能データ改ざん、三菱自動車とスズキの燃費データの不正発覚、オリンパスの粉飾決算……。

日本を代表する大企業のリーダーたちが、不都合な事実を隠そうとして錚々《そうそう》たるジャパンブランドの信用を突き崩していた。グローバル化が進む現代は、そのくらい舵《かじ》取りの難しい時代なのだろう。


ものごとの本質というのは、いつの世も変わらない。

たとえば「嘘をついてはいけない」「会社は社会に役立つものでなければならない」といった単純なことだ。

その一方で、「会社は生き続けることが最優先」なのが現実であり、社員はそのためにめまぐるしく変わる状況に対応し続けていかなければならない。特に今の時代は変化が急で、どんどん複雑化してきている。

こんなときには、不変の本質が邪魔になる。正義を通すのがばかばかしいことに思えてくる。本質と現実の狭間《はざま》で葛藤《かっとう》したとしても、結局は本質が置き去りにされることは容易に想像がつく。けれど、そのしっぺ返しはいずれ必ずやってくるのである。

未来のために正しい道を選ぼうとすることが難しい時代であろう。だからこそ、出版する意義があると思えたのが『上司の心得』であった。

第二作となる本書のテーマは「出世」である。このテーマも、リーダー論同様すでに指南書がたくさん出版されている。それでも多くの人たちからしばしば相談を受けるのが「どうやって上を目指していけばよいか」ということなのである。

そもそも「出世を目指す」ことは、会社員にとっての本質である。成長したい、自分に自信を持ちたい、面白い仕事がしたい、誰かの役に立ちたい、人から認められ尊敬されたい、経済力を手に入れたい、社会に貢献したい――。そういう自然な欲求の実現は、出世と不可分なのである。

ところがグローバル化によって日本企業の体質が急速に変わりつつある。終身雇用が半ば崩れ、人材の流動化が進んで、優秀な中途採用者が生え抜き組と肩を並べるのが当たり前の時代。エスカレーター式の昇進システムが期待できないうえ、働き方の選択肢が増えているため、ひとつの会社で出世を目指すという単純な道はかすんで見えるだろう。

そうだとしても人間の本質は変わらない。潜在的に出世を望むタイプの人間の割合も、昔とそう変わらないはずだ。出世は、生きている実感を味わえるダイナミックな出来事である。その欲求を押し殺して何十年も働くのはいかにもつまらない。迷い多き時代だからこそ、相談相手が求められているのかもしれない。

本書を書くにあたっては、私の現役時代と今とでは環境が大きく異なっていることを念頭に置き、それでも変わらない本質を見つけ出すことを心がけたつもりだ。

大きく変化しているように見えて実は短期的な現象であることと、以前のやり方では通用しないこと。その見分けは、会社員とは違う立場で社会に関わっているからこそ客観的に行えたように思う。

私自身の成功体験と失敗体験の中から、現代の会社員にも当てはまるだろうと思うものを取り出して再整理したのがこの本である。今まさに出世を志す将来有望な企業戦士たちの役に立つ1冊となることを心から願っている。

2016年11月

佐々木常夫

目次

第3章　出世するにはコツがいる　109

第4章　私が見てきた出世　155

おわりに　198

第1章　出世する気持ちを持て

雇用流動化時代の今こそ出世の好機である

東レ時代の私は、「いかに出世するか」を常に頭の片隅に置いて行動していた。

同期の多くは「部長までは何とか」程度に考えていたようだが、私は最低でも常務か専務、あわよくばそのもう一段上になりたいと思っていた。

高給取りになりたいという気持ちももちろんあったが、それよりも自分の才能や、度胸、運を信じて大きな仕事にチャレンジし、あの会社でどこまで上って行けるか試してみたかったのだ。

あの頃、仕事がある程度できる人間なら、誰もが「出世したい」という野心を持っていた。そうは見えないという人も、うまく本音を隠しているだけで、「出世」は会社員の心臓のど真ん中にあるものだった。

現代は私が若かった頃に比べ、遥《はる》かに先の見えない時代である。

終身雇用は崩れつつあり、かつて年功序列を支える装置として多数用意されていたポストは減少傾向にあり、もはや40代の８割は課長になれないと言う人もいる。

一方で、雇用の流動化が時代の要請のように語られ、「ひとつの会社にしがみつくより、転職してスキルを磨け」というのが今どきの働き方の心得のように語られる。正規社員と非正規社員の違いは労働形態のみで、地位や保障はほとんど同じという会社や、転勤のない地域限定正社員を導入した会社も現れ出した。

いまや「会社に永久就職し、最後は役員になって定年を迎えるなんて時代遅れ」と、多くの人がそう思っている。

「今の会社のままでいいのだろうか。転職すべきではないか」と心が揺らいだとしても仕方ない。

だが、出世を狙うなら今がチャンスだ。私ならそう考える。その理由はふたつある。まず大事なことは、多くの人がはなから出世を諦《あきら》めているということだ。たとえば日経新聞にこんな記事があった。

都内で行われた流通商社の30歳向け研修で「みなさんは管理職になりたいですか」とたずねられた際、手を挙げたのは23人中たったの4人だったというのだ。曰《いわ》く「ノルマがきついのに権限がない」「上司と部下の板挟みにあった先輩がうつ病になった」「家族と離れて転勤するのは嫌」「上司にごまをすってまで出世競争に勝ち抜きたくない」など、昇進に対して否定的な意見が並ぶ。こうした時代の気分が、会社員の士気を全体的に押し下げているのは間違いないだろう。

それに加えて、能力の高い人間でも「転職によってキャリアアップを図る」という戦略を選ぶ人が増えているのであれば、できる人間が自分のほうから社内レースを降りてくれるのである。

誰もがひとつの会社に腰を据え、出世を夢見て競い合っていた頃に比べれば、今の時代は確かにポストが減っているかもしれないが、実のライバルは昔よりも少ないのではないだろうか。

出世するための仕掛けを働き方にくみ込め

今が出世のチャンスと考える第二の理由は、忙しさに流されて、あまりにも働き方に戦略がない人が多いということである。誰もがノルマをこなすのに精一杯で、出世のためにひと工夫して他人に先んじてやろうと考えるのはほんの一握りである。

出世しようと思ったら、他の人と同じようなやり方をしていてはダメだ。プロサッカーの選手たちを手本にするといい。代表監督が視察に来たときには、いつも以上にいいプレーや目立つプレーを意識して、代表のベンチに入れてくれと必死にアピールするだろう。

出世も同じである。日頃いかに地道な努力を怠らず、小さな成果を重ねていても、それを上に立つ人間に認めてもらえなければ、具体的な評価にはつながらない。サッカー選手のようにあからさまなアピールをすればいいというものではないが、会社員らしくそれとなくスマートに、自分をより効果的にアピールする工夫をするべきである。

また会社という組織の中では、人間関係づくりも大事な戦略である。今どきは上司や部署内での飲み会を嫌う会社員は少なくない。転職を前提にしているのであれば、「嫌な上司でも気に入られておこう」などという泥臭い発想は起こらない。

そんな中で、この会社で行けるところまで行くという覚悟を持ち、関係づくりにそれなりに腐心して、他人がやらないことを進んでやるような人間は、おのずと目立つものである。上司の目に留まればチャンスを与えられる機会も増え、そのチャンスをうまく活《い》かせば頭角を現していくことができるだろう。会社とはそのような泥臭い場所なのである。

転職する理由としてもっとも多いのは「その会社で認めてもらえないこと」だという。認められない理由を自分自身に問うてみることもせず、「別の会社に行って認めてもらおう」と考える人や、はじめから「出世をしたくない」と言う人の多くは、厳しい言い方をするが、認めてもらおうとする努力を惜しんでいるか、自分の能力に限界を感じて戦線離脱した人たちである。多少なりとも仕事ができるという自信がある会社員なら、今でも「偉くなりたい」という健全なる野心を持ち合わせているのではないかと思うが、いかがだろうか。

サバイバル時代ともいえる今日の会社員には、一見すると「転職をしてキャリアアップを目指す」という戦略と、「ひとつの会社で出世していく」という戦略のふたつがあるように見える。しかし、それなりの理由があって就職した会社である。人間関係が悪いからとか仕事が合わないからといった理由で簡単に転職するのはどうか。

それに日頃からたとえば役員を目指せるだけの努力をし続けていれば、たとえ会社がリストラを行わざるを得ない厳しい状況に陥ったとしても、リストラ対象者から外れる可能性は高くなる。万が一、会社が倒産したとしても、再就職するだけの実力を身につけているはずだ。

要するに出世する人間なら、その気になればいい転職ができるのである。

出世欲は
成長のエンジン

最近の人たちは、どうも出世を過小評価しているようだ。

講演活動や企業の研修などで、よく現役の会社員と話をするのだが、ほとんどの人が「出世をすれば多少はいいことがあるかもしれないが、どうせ大したことはないだろうし、偉くなると責任が重くなる」と考えているように感じられる。少なくとも、そのために払うべき苦労と見合うほどの対価が得られるとは思っていないような気がしてならない。しかしそれは大きな間違いだ。

出世の恩恵は何かというと、もっとも分かりやすいのが「経済的利益」と「名誉」である。私がまだ幼かった頃、大人たちは子どもを「末は博士か大臣か」と言ってほめたものだ。昔は博士や大臣になることが、出世の象徴であり最大の名誉だった。今で言えば、エリート官僚や企業のＣＥＯといったところだろう。経済的な勝者であるのはもちろん、そこまで上りつめた人物に世間は尊敬の眼差《まなざ》しを向け、その言葉に耳を傾ける。一流企業の社長ともなれば公の場で意見を求められたり、日本の経済に大きく寄与したとして国家から勲章を授けられることもある。

平たく言うと、出世すれば金と名誉が手に入るのである。

「金と名誉とは、ずいぶん欲深い話だ」と思われるかもしれない。欲というと何かよくないもののように聞こえるかもしれないが、欲は人が生きていく原動力である。欲があるからこそ懸命に働き、学び取ろうとする。「がんばってリッチな生活がしたい」「あいつはできる奴だと言われたい」「早く人の上に立ちたい」。そういう欲がある人間とない人間とでは、満足するレベルが違う。おのずと目指す場所が違ってくるものなのだ。

仕事には、辛《つら》いことや苦しいことがつきものである。私にも20代から30代にかけて、土日もなく起きている時間はすべて仕事という時期があった。そうした時期は仕事の楽しさより辛さを感じたものだ。そういう時期があったからこそ、私は仕事の面白さを知り、一人前のビジネスマンになることができた。どんなに辛いことがあっても「なにクソ」と立ち向かっていくことができたのは、私に「欲」があったからである。

しかし欲だけではそうそううまくはいかないのが会社というものだ。欲を出しすぎて自分本位になれば、他人からしっぺ返しをくらうことになる。その壁にぶち当たって自分本位を乗り越えた先に、また新しい景色が見えてくる。そのとき欲とは違う何か——部下を育てる気持ちとか、何かを成し遂げて社会に貢献したいという志といったものが自分を突き動かす原動力になることを理解するだろう。人はそういう経験をし成長しながら、一段一段、出世の階段を上っていくのだ。

出世の階段とは、すなわちマズローの「欲求5段階」をひとつずつクリアしていく過程である。人には「生理的欲求」「安全欲求」「社会的欲求」「承認欲求」「自己実現欲求」という、低次から高次へと向かう5段階の欲求がある。平たく言うと、まずは空腹を満たしたくなり、空腹が満たされればそれを持続させたいと願い、その安定を手に入れたらそこで仲間を作りたくなり、仲間ができたら彼らに認められたくなり、他人から認められた先には、自分自身に高い目標を課したくなるのである。

肝心なのは、マズローがこの欲求は同時に5つあるのではなく、ひとつをクリアすると、次のひとつが生じてくるものであると言っていることである。

つまり「出世したいと思う」ことは、人間のごく自然な承認欲求であり、より高次な社会人へと成長するためのエンジンなのである。いくら高収入であるからといって、やりがいを感じない仕事が長続きしないのは、それでは自己実現ができないからである。

だから出世した人間はそうでない人間より欲深い人種なのかといえば、答えはイエスであり、ノーである。欲があるからこそがんばれる。人よりがんばった分、組織や他人を思う気持ちが生まれ、自分の欲を凌駕《りょうが》していくのである。

出世は次の運を呼び込む良循環を提供する

「人脈」は出世における付加価値のひとつである。それも、運を呼ぶ付加価値である。上のクラスに行けば行くほど、人はつながりを重視するようになるものだ。会員制クラブがあるのも、その機会を提供するためである。

そういう場ではお互いの肩書きが信用となって、良いお店を紹介したり、知っておくと良さそうな人に引き合わせたり、良い投資話を持ちかけたりなど、常に活発な情報交換が行われている。ギブ&テイクをすることでお互いに利益を得ているのである。

小林一三《こばやしいちぞう》は、阪急電車（現、阪急宝塚線）や阪急百貨店、宝塚《たからづか》歌劇団、東宝など、大衆に向けた事業を数多く成功させた明治の傑出した経営者である。その小林は、「電気の鬼」と呼ばれ、電気事業再編成を行って戦後日本の高度経済成長を支えた実業家、松《まつ》永安左エ門《ながやすざえもん》と慶應義塾の門下生として知り合い、意気投合して生涯の友人となった。そしてビジネス上のさまざまな場面で小林が松永を推薦し、松永が小林を推薦するという互恵関係を築いていった。

できる者同士には出会いの場がある。そこではお互い少し言葉を交わしただけで、相呼応するものを感じ、その後重要なビジネスパートナーになっていくということが往々にして起こるのである。

社会的な肩書きを持つということは、そうした出会いの場へのパスポートを手に入れることである。私の場合、東レの役員という社会的信用は絶大であった。その肩書きがあることで、見ず知らずの人にでも私の背景を事細かに説明する必要はなく、活動範囲は会社を遥かに超えて広がっていった。

私が東レ経営研究所の社長となってから、経団連の仕事を引き受けることになったのも、東レの役員という経歴があったからである。

その経団連でも、私はそれまで通り積極的に発言をしていた。すると私が経団連に行くようになってまだ一年目のあるとき、「佐々木さん、内閣府の審議会から誰かを出してくれとリクエストが来ている。行ってくれないか」とお声がかかった。こんな私で社会のお役に立てるならと喜んで引き受けた。やがてその審議会のメンバーから、「他の省でも人を探しているから紹介していいだろうか」と乞《こ》われ、これも引き受けた。

そうした紹介が次の紹介を生んで、厚生労働省や国土交通省などにも顔を出すようになり、結局私は審議会委員を毎年2つずつ、10年間務めることになった。それがまた、さまざまな人脈につながっていったことは言うまでもない。

こうした連鎖反応ともいうべき人脈の広がりは、次のチャンスを呼び込む幸運のスパイラルをつくり出してくれるものである。

私が自著を出版するようになったことも、ひとつの出会いからである。私自身が会社員だった間に物書きになろうと思ったことや、本を出したいと思ったことは一度もなかった。ところが、東レの役員だった人間に面白いのがいるという話を聞いた出版社から「本を出してみないか」という誘いを受けることになった。４冊目に出した『働く君に贈る25の言葉』（WAVE出版）が、40万部を超えるベストセラーになったとき、お会いしたこともない読者から届く「感動しました」「勇気が湧いてきました」という感想の山を目の当たりにして、私は自分の書いたものを人様に読んでもらえる喜びに浸った。自分の経験が人の役に立つという事実は、望外の喜びであった。このような体験ができたのも、役員になれたことの大いなる余禄《よろく》である。

ひとつの山を登るとまた次の山が待っている。私は出世に対してそんな感覚を抱いている。それも平社員から課長へのステップが「ゼロから１」だとすれば、課長から部長、部長から役員とステージが上がるたび、「１から10」「10から１００」と、飛躍のスケールはどんどん大きくなっていく。人脈という追い風をうまくつかんで、上昇気流に乗って行きたいものだ。

成し遂げたいことがあるのなら偉くなれ

今いる会社で成し遂げたいことがあるのなら、出世することである。その実権を手に入れるのだ。

私が平社員だった頃、ろくに計画も立てずに成り行きで仕事を進める課長の下で働いた時期があった。それほど重要とは思えない資料を作成するために急な残業を命じられたり、定時を過ぎてから会議に招集されたりで、私は思うように仕事と生活の時間管理ができなかった。そのことにかなりのストレスは感じたものの、上司と部下という関係であれば、上司の命令には従わざるを得なかった。

だから自分が課長になったとき、こういう旧態依然とした仕事のやり方とは決別しようと心に決め、定時の中でいかに部下の働きを最大限に引き出すかに腐心した。

会社の仕事というのは雑務の塊である。そこで私の課のすべての仕事をリストアップし、重要度を5段階で判定してみた。思った通り、重要度が5という仕事などほとんどなかった。たいがいは2か、せいぜい3程度の雑務なのである。そのことを可視化してチーム内で共有することが、タイム・マネジメントにおいては極めて重要かつ有効な手段だということを私はこのときに学んだ。

最優先すべき重要な仕事は全体の2割程度。この2割をやれば、求められている成果のほぼ8割を達成したことになる――これは長年の経験を踏まえた私の実感である。

私には定時で帰らなければならない別の理由もあった。課長になったのとほぼ同時に妻が肝硬変で倒れ、入退院を繰り返すようになったのだ。そのため私は、自閉症の長男を含む3人の子どもの世話と、妻の看病のために毎日18時には退社するという必要に迫られた。
私が課長になった部署は、前任課長時代には毎日夜遅くまで残業するような部署であった。そんな部署にあって私は、自分ばかりでなく部下全員が定時に帰れるように必死だった。当初こそ私のやり方に反発があったものの、徐々に部下たちも理解してくれるようになり、仕事の効率化に精一杯協力してくれるようになった。

それもこれも、私が課長だったからできたことである。平社員だったらなかなかこうはならないだろう。管理職になることの最大のメリットは、自分の裁量で仕事をコントロールしたり、タイム・マネジメントができるようになることである。それができれば、家庭に割ける時間も増やせる。女性社員は仕事と家庭との両立に悩んで出世を諦める人が多いが、仕事とプライベートの両立はむしろ管理職のほうがやりやすい。女性こそ、積極的に出世を目指すべきである。

先にも書いたが、会社員としての成長は、昇進とともにある。ひとつ昇進するたびに、前より広い視野や高い視点で仕事をとらえるようになる。たとえば平社員のときには「報告書にモレはないか」「誤字はないか」「見やすく書けているか」といったことを気にかけていた人が、管理職になると「なぜこの報告書が必要なのか」「どんな意味を持っているのか」ということを考えるようになる。上司から言われたままにやっていた仕事の本質を理解したり、自分の中に「この会社でやってみたいこと」が芽生えてきたりするだろう。

さらに入ってくる情報もずっと詳細で精度の高いものになり、低い視点ではその存在に気付かなかった、他の部署や他社の優秀な人材なども目に入ってくるようになる。

つまり、同じ会社にいながらも、地位によって見ているものは違うということである。課長よりは部長、部長よりは役員、役員よりは社長という風に、上に行けば行くほど、その景色は広く、また遠くまで見渡せるようになる。

昇進すれば、役員と直接話をする機会も増えていくだろう。温めてきた夢を形にするチャンスが近づいてきたということだ。そのとき、自分が手に入れた立場と裁量に、有り難さをひしひしと感じるはずである。

役員を目指すことは無謀な夢ではない

あなたはどこまで出世したいと思っているだろうか。

部長までか、役員にはなりたいのか。それとも社長になりたいと思っているのか。社長になれるのはたった一人の狭き門でよほどの強運に味方してもらう必要があるが、役員の席であればいくつもある。大企業であれば20や30あることも少なくない。そのことに気が付いているだろうか。

私が役員になったときには、ずらりと並ぶ先輩役員の顔をまじまじと眺めたものだ。

そのうち、その一人ひとりがどのような経歴を積み、どのような実力で、どのような性格なのかが大変よく見えるようになった。社長と副社長、社長・副社長と役員といったそれぞれの関係性や役員同士の関係性も分かった。

そのように内側に入ってその場にいる人たちをよくよく眺めてみると、確かにみなそれなりに仕事はできる人たちだったが、もっと仕事ができるのに役員になっていない人は山ほどいたし、仕事はよくできるが人間的に問題があるという役員も決して少なくなかった。

そして多くの場合、個々人の実力よりはお互いの関係性のほうが、ずっと大きく作用していたように思う。

人間の能力にはいろいろある。そして私は、人間の能力の総量にはそれほどの差はないのではないかと考えている。それでは、何が大きな結果の差につながっていくのかといえば、たとえばマメな性格であるとか、人付き合いがいいとか、とびきりの努力家だとか、そういったその人が元々持っている能力をいかに育て、開花させてきたかの違いではないかと考える。

たとえば私の同期では、6名が東大から事務系として入社したが、他の仲間はみな残念ながらそれほど出世できずに終わっていった。総じて慶應大学の卒業生のほうが出世率は高かった。その理由には、東大出身者にありがちな「上から目線」ということもあっただろうと思う。

私の知る慶應出身者には人をバカにしたような雰囲気はあまりなく、人付き合いがスマートな人が多かった。人間が洗練されていたというのだろうか。

ペーパーテストをやらせたら東大出身者のほうが上だったかもしれない。しかし、人付き合いがいいとか、謙虚である、他人の気持ちに共感できる、礼儀正しいといった良い習慣を持ち合わせていることのほうが、組織の中ではよほど優位に働くということではないか。その積み重ねが長い間に大きな差を生むのである。

出世とは「能力」と「努力」と「人間性」のバロメーターである。

そのすべてが百点満点である必要はないが、どれかひとつでも他人に負けないものがあれば、役員になれる可能性はある。

まず当事者意識を持ちなさい

林真理子《はやしまりこ》さんの『野心のすすめ』（講談社現代新書）を大変興味深く読んだ。中でも「三流は三流で固まりやすい」という一節には大いに共感した。

「年を取っても、三流仲間は自分を出し抜いたりせずに、ずっと三流のままでいてくれるだろうという安心感。周りはみんなぼんやりしていてプレッシャーもないし、とにかくラクですから、居心地が良い。三流の世界は人をそのまま三流に引き止めておこうとするやさしい誘惑に満ちているのです」

そして彼女が「三流にどっぷり浸かっていたころの話」が赤裸々に紹介されている。若き日、林さんはコピーライターの養成学校に通い、その後「適当にスーパーのチラシさえ作っていればいいという、ゆるい会社」で舐《な》めきってコピーを書いていた時期があった。そんなある日、コピーライター養成学校の同期で自分より成績が悪かった男性が、東京コピーライターズクラブの新人賞を取ったことを知り、「まるで呼吸が止まってしまうような感覚」に戸惑うのである。

「それが悔しさであるとさえ最初は認識できず、ただ固まってしまうばかりで、なぜだか目から水が溢れてくる」そして「ああ、私は、華やかな場所で、ちゃんと一流の広告の仕事がしたいんだ」とようやく理解し、起死回生を本気で考えたという。

そして糸井《いとい》重里《しげさと》氏と天野《あまの》祐吉《ゆうきち》氏が作った広告学校に入ったところから、作家林真理子の人生の歯車が回り出したことが綴《つづ》られている。

彼女の抱いたコピーライターとしての「野心」は、そのまま会社員にとっての「出世」と置き換えることができる。平社員仲間は自分を出し抜いたりせず、ずっと平社員のままでいてくれるだろうと安心しているかもしれないが、やがてその中から一人、二人と昇進していくときになって「呼吸が止まってしまうような感覚」に襲われないとも限らない。

確かに役員や社長は遥か遠く、周りには優秀な社員がたくさんいて、上を目指すほど競争は激しくなるだろう。最初から無理だと考えて、努力を惜しみたくなる気持ちも理解できる。しかし、出世するために求められるエネルギーの総量は膨大であっても、その場その場でコツコツ努力し続けてきた積み重ねである。最後まで競争は続くかもしれないが、そこまで行く間に人は強さを身につけている。そのエネルギーを出し惜しんでいるのであれば、会社員としては「三流志向の人々」だろう。

体力も気力もある年齢でありながら、あまりがんばりたくない、ダラダラと生きたいという人は、それが楽な生き方だと思っているのかもしれないが、それは違う。苦労する時期を先送りしているだけである。

歳を取れば取るほど、仕事の能力や収入や人脈といったその人の実力に大きな格差が生じてくる。入社当初、会社帰りに居酒屋で楽しく酔っ払っていた同期の20年後、30年後を想像してみるといい。その差は間違いなく努力や忍耐の積み重ねの差であり、いよいよ終わりが見えてきてから慌てても、その差は埋めようがない。

歳を取って気力も体力も衰えてからの苦労は辛く惨めな気持ちにさせられるものだ。そちらのほうがずっと苦しい人生ではないだろうか。

出世を意識するなら、早ければ早いほどいい。もし今これを読んでいるあなたが、真面目にがんばってはきたが明確に出世を意識したことはなかったという中堅社員であるなら、「自分は本当に出世には興味がないのか」「二流・三流の居心地の良さにつかまっていないか」、一度しっかり本心と向き合ってみることをお薦めする。出世したいという明確な気持ちを見出《みいだ》したなら、部長までは目指したいのか、役員までがんばりたいのか、目標を定めることである。ただの真面目な社員が「たまたま」役員や社長になるということはほとんどない。出世する人は、必ず何かの仕掛けをしているものだ。

出世の当事者であろうという意識を持つことが、すべての始まりである。

20代から50代をいかに生きるか
ライフステージを俯瞰してみる

出世とは、各年代の努力の集積が形になって表れたものである。だからこそ、会社員は常に「年代」を意識して段階的な働き方をすることがとても重要である。

人間の変化への対応力や成長の速度は、若い人とそうでない人では歴然とした違いがある。年配者には豊かな知識や経験があるが、成長の速度や角度は鈍い。だからそれまでに培った技量を活かして、熟練した仕事を効果的にこなすことが求められる。それは野球のベテラン打者が、パワーの衰えを、投手との駆け引きや配球を読んでカバーするようなものである。

20代は未熟ではあるが、成長のポテンシャルが大きい。ミスや失敗、ムダな遠回りもするが、多少の失敗ではへこたれない気力、体力、情熱、真摯《しんし》さ、学習能力、変化への対応力がある。成長角度という点では無限に近い潜在力がある。

だから伸びしろのある若者は、将来を期待され、さまざまな経験をするチャンスを与えられて鍛えられていくのである。この時期にはとにかく目いっぱい、がむしゃらに仕事に没頭することが最大の目標である。

ところが30代になると、同じがむしゃらでも求められる質が高くなる。20代の頃よりも計画性や効率的に仕事を進めていく戦略性を身につけていくのがこの時期である。こうした期待に応《こた》えることによって、一人前のビジネスマンとして認められ、大きな仕事に挑戦する機会が与えられる。そのときには挑戦から逃げず、自分の器を広げていってもらいたい。

では40代はどうか。20代、30代で培った経験をベースに、自分なりの解釈や見識をプラスして、熟練した働きぶりを発揮する時期である。この頃になれば、物事に効率よく、柔軟に対応でき、視野を広く持って業務全体を見渡すことができるようになっているだろう。

同時に、ちょうど30代後半から40代は部下ができる頃だ。管理職となってそれまでとは違う仕事の質や次元を経験することになる。

部下たちが力量を十二分に発揮するためには、上司である40代は、みなのモチベーションを高めたり、彼らの成長角度を高めるための指導や教育を行ったりしなければならない。部下の人となりをよく理解し、適材適所に人材を配置する必要もある。そういう意味では、40代では、自分の仕事のやり方をあれこれ模索している暇はない。「仕事のさせ方」を学ぶ時期であるともいえる。

そして50代。会社員にとってのこの年代は、大きな勝負の時期である。

人によって遅速はあっても、まずこの時期にビジネスマンとしてのピークを迎える。出世すればするほど40代のときよりもさらに大きな規模で組織を束ね、部下を動かしていくことになる。自分の組織だけでなく、会社全体のシナジー効果を考えられるようになっていなければならない。会社員にとっての最終コーナーに差し掛かって、いかに知力と体力を尽くすか。それは、ひとりの人間としての勝負のときでもある。

さらには、人間としての深みや味わいを備え、知性や人格を磨くのも、ようやくこの歳になってからであろう。『はじめに』で書いたように、会社全体を率いる立場に立つ人物には、物事の本質を理解する力が備わっていてほしいものだ。

このように会社員としての人生には、「時分の花」というものがある。20代の「萌芽《ほうが》期」から始まり、30代の「伸長期」を経て、40代で「開花期」を迎え、50代で「成熟期」に差し掛かる。その時々になすべきことをなし、咲かすべき花を咲かせていれば、定年に向かう「収穫期」に実らせた果実は、それなりに味わい深いものであるはずだ。

第2章　腹をくくれば仕事の仕方はおのずと変わる

人の上に立つという意識が成長角度となって現れる

上司の命令には逆らわず、言われるままに真面目にこなすことで、ある程度の昇進を期待している——会社員のほとんどは、こうした「部下タイプ」である。使いやすい便利な人材にはなれるだろうが、このような意識では真の管理職はまず務まらない。

若手の会社員向けに書いた自著『働く君に贈る25の言葉』（WAVE出版）で、私は「最初の3年間は、あれこれ考えすぎずに、とにかく指示されたこと、教えられたことを愚直に遂行しなさい」と書いた。その間は会社の仕組み、仕事のやり方、人間関係などを勉強しながら、仕事の本質というものを理解していく学びの時期だからである。この時期にきちんと学んだ人間なら、30歳にもなれば相当大きな仕事ができるようになっているだろう。

しかしいつまでもそのままの意識でいては大成しない。前項で述べた人生のライフステージは、真面目に働いていればそれなりに経験していくだろうが、出世を目指し、充実した40代、50代にしていくためには、そのときの立場はまだ部下のままであっても、いずれ「人の上に立つ」という意識を持って自分で考え行動するように、自ら立ち位置を変えなければならない。それができれば、35歳にもなる頃には部長クラスの仕事もできるようになるだろう。

その時点ではまだ昇進・昇格にそれほどの差はついていないかもしれないがそれは外見上のことで、40代には明確な差が表れはじめる。

最短距離で高い品質の仕事をこなす力を身につけた人に、ダラダラ仕事をしてきた人が勝つことはない。同様に、いつかは人の上に立とうと思いながら仕事と向き合っている人と、部下として認められることだけを考えている人とでは、日々の気付きの量と質が違う。それが成長角度の差となって表れるのだ。

とはいえ、「勝負は30代で決まる」などと言うつもりはない。成長のスピードにも個人差があって、中には40代にかけてじっくり伸び続けるという人もいる。こういうタイプは不器用だが謙虚さを持ち、人を公平に扱い、周囲の人に信頼されているような人に多い。

たいていの人は40を過ぎると努力を忘れ、「それなり」に満足するようになるが、不器用でもひたむきにがんばる人はいくつになっても努力を続けることができる。逆境にあっても、冷や飯を食わされても、へこたれずにがんばり続ける愚直さは、後半戦に強い。案外こういうタイプが、『うさぎとかめ』の寓話《ぐうわ》のように50代の終盤で頭角を現し、ある日スピード出世の若手役員と肩を並べて役員席に座っていたりするものなのだ。

出世を意識するからには、他人の動向が気になるのは仕方ないことだ。特にひとつのポストを競い合うなら、気にするなというのは無理な話だろう。目の前の競争に集中することも必要だが、同時に出世レースに対しては長い目を持つことが肝心である。「いい時」も違えば、休憩を取るタイミングもみな違う。追い越し車線を走っているつもりが、左側から追い越されることもあるだろう。他人と比べることは、人を幸せにはしない。他人を気にするのではなく、他人を気遣える人間になろうとするほうが、よほど出世には有益であろう。

「年齢＝出世のスピード」に囚《とら》われすぎずに、「自分が人の上に立つ」という当事者意識を持って仕事に臨むことである。自分の頭で考えて答えを導き出そうとしない人が、大きな判断を委《ゆだ》ねられることはない。

出世は「何を持っていないか」ではなく、「何を持っているか」によって決まる

自己評価が低い人間には、努力を避ける傾向がある。「自分はこの程度なんだから適当にやっておこう」と都合のいい割り切りをし、がんばっている人のことを「あいつバカだな、そんなにがんばったって出世できるわけがない」と思っている。そのほうが楽だからだ。自分はそれでいいのかもしれないが、こういう人は取引先や上司、同僚の気持ちに鈍感なのである。チームプレーで成績を挙げていく会社という組織の中で、自分にもそれなりの役割期待があるということが分かっていないのだ。

ところが自己評価が高すぎる人間にも、努力を怠る傾向がある。必死にならなくてもスッと理解できるからである。だから努力をしないとできない人間の気持ちが分からない。上から目線で人を見下すことの愚かさにも気がつかない。やはり他人の気持ちに鈍感なのである。

個で優秀な人は往々にしてどこへ行っても自分でやりたがり、部下に任せられない。部下を信用しきれない。しかし自分一人でできることには限界がある。会社という組織の中では10人、20人を活《い》かせる人間のほうが出世できるということが分かっていないのだ。

会社という組織においては、自分一人でどれだけできるかではなくて、10人のチーム力をいかに15人、20人分に引き上げられるかといったことや、このチームを率いて何を成し遂げるかということのほうが重要度は高い。だから少々地味だが人の管理はしっかりできるとか、ちょっとお調子者だがアイディアマンでチームのモチベーションを上げられるといったタイプが、人より出世するということが起こるのである。

昇進するということは、それまでとは違った役割期待を背負うことである。いかに個の力がすぐれていようとも、その期待に応《こた》えられなければ失格である。

そもそも、完璧《かんぺき》な人など一人もいない。社長になる人も同じである。苦境を乗り切る腕力がある、国際感覚が豊か、意見調整が得意、人望が厚いなど、その時々の会社が置かれている状況に応じて必要な人材が社長として選ばれる。「持っていないもの」ではなく「持っているもの」によって選ばれるのである。

社長に欠ける部分があれば、それを補助できる副社長なり役員なりをサブとして配置すればいい。すべては会社が置かれた環境の中で決められる。それが会社という組織である。だからこそ、いろんな人にチャンスがあるのだ。

もちろん「仕事ができる」というのは非常に重要な要素である。しかし、出世の力学を考えたとき、必ずしも「誰にも負けないくらい仕事ができる」必要はない。「忠誠心がある」とか「言ったことは必ずやる」「部下の面倒をよく見る」といったその人固有のもの、これだけは人に負けないという自分の売りで勝負しないと、他人の土俵で苦しい相撲をとらされることになる。

そして何よりも重要なのは、自分の持ち味を上役たちに認識させることである。昇格人事のリストに挙がるためには、自分を思い出してくれる上司がいるということが肝心なのである。

そういった意味でも上司との上手なコミュニケーションが大切である。

「長期のビジョン」「中期の計画」「短期の目標」を立てよ

毎年正月休みの間に年頭所感を書き始めたのは、課長になってからである。

それまではいかに自分の仕事を成し遂げるかを考えれば済んでいたが、管理職になってみると役割はまったく違っていた。自分自身の成績ではなく、組織全体を伸ばすことによって成果を出すということを考えなければならなくなった。

私は出世しようと思っていたから、「ひとつの部署には長くて3年」と決めていた。同じ部署で3年もやると、そこから先はそれほど伸び代がなくなるからだ。なるべくたくさんの部署を見、経験を積んで、経営する側になってこの会社を良くしたい。それが私の「長期のビジョン」だった。だから利益を叩《たた》き出している部署から業績の悪化している部署に、わざわざ異動を願い出たこともある。

ひとつの部署に3年と決め、それなりの成果を残そうと思えば、1年目、2年目、3年目でやることを決めて、計画的に進めなければならなかった。

たとえば、営業に着任して早々に、古くて効率の悪いサプライチェーンを変えようと思ったことがある。サプライチェーンは川上から川下にいたるまで、非常に多くの既得権に縛られているので、これを変えるのは容易いことではない。私の上司は「無理だ」の一点張りだったが、私は3年あればできると考えた。

私の立てた3カ年計画は、次のようなものだった。1年目で大まかな流通経路の枠組みを描き、お客さまを回って理解を求める。2年目では、どういう会社を作ってどんな人材を集め、どのような手続きを進めていくのかを詰める。3年目はその計画をもとに期限を決めて実際に会社を設立する。

通常業務と並行してやらなければならなかったので困難ではあったが、このシナリオに沿って行動し、毎年末年始に進行状況を確認して軌道修正を行いながら、サプライチェーンの効率化をなんとか3年で実現させることができた。

「長期のビジョン」があるからこそ、「中期の計画」としての3カ年計画が立てられる。「中期の計画」があってはじめて、「単年度の目標」が立てられる。

思いつきで「今年はこれをしよう」とやったとしても、途中で忘れてしまうのが関の山である。思うだけなら消えていってしまうが、年頭所感という形で書類に書けば残る。

年頭所感を書くときには、なるべく要点だけ、箇条書きで書くことである。A4サイズ1枚に収まるくらいがちょうどよい。1年でできることなんて限られているし、2枚3枚にびっしりいろんなことが書いてあると、課題が分散してしまう。まずは「この職場にいる間にこういうことをしようと決意した」と骨太の目標を書く。その下に「そのためにやること」と「その他にやること」をせいぜい7~8項目に絞って端的に書く。

そしてそれを次の年末年始に振り返り、
（1）昨年ここまでやったが、ここが不十分だったから、今年はまずそれをやる。
（2）次にこれが大事だから、優先的にやる。
（3）Aさんを昇進させる。Bさん問題を解決する。
という具合に、なるべく端的にまとめるといいだろう。

計画遂行に見直しは不可欠

「長期のビジョン」があるからこそ、「中期の計画」としての3カ年計画が立てられる。「中期の計画」があってはじめて、「単年度の目標」が立てられる。

しかし、計画遂行においてもっとも重要なのは、「見直すこと」である。3カ年計画の1年目は、目標全体のここまではできたが、ここをやり残してしまった。2年目に当たる今年、これを完遂するためにはどうするか――。そんな風に、今年を考えるときには昨年を振り返る作業が必要である。自分が立てた目標に対して、できたことは何か、できなかったことは何か、ここで緩んでしまったなと、きちんと反省することができる。

目標は確実にフォローアップできることが大事なのである。

プラスチック部門に異動したとき最初に考えたのは、「とにかく世界各地に工場を造ろう」ということである。面白いことに、そう考えていたところにタイミングよく三井石油化学から合弁の話があり、インドネシアに工場を造ることになった。だったら次にはマレーシアの新設をやり、この2つを1年目に、そして2年目はアメリカとヨーロッパ、3年目には中国だと、ざっくりそんな風に青写真を描いた。

ところが2年目にアメリカの工場を造ってみると、その1つでは足りないということが分かった。そこで中期計画を見直して「ヨーロッパは後に回し、アメリカを優先する」と修正し、2年目の単年度目標を書き直した。3年目にはフランスの会社を買収してその工場を取得し、そのあとすぐ中国プロジェクトを始めて3カ所工場を造った。その中国の新設を終えた時点で2年半が経過しており、計12の新工場が誕生していた。そして3年で予定通り、次の部署に異動した。

そもそも、ものごとが計画通りに進むなどということはまずない。不測の事態が起こったりして、うまくいっても3割は達成できずに終わる。仕事だけではなく人生だって同じである。「こうなりたい」と思っていても、そうならないことはいくらだってあるだろう。だから目標を立てなくていいのかといえば、そうではない。目標があるからこそ、軌道修正ができるのだ。

「長期のビジョン」は、床の間の掛け軸のようなものである。まずはそこに「将来は社長になる」など、自分の最終目標を書いてみよう。それをたまに見て、「ああ、いい掛け軸だなぁ」「そうだ、オレの夢はここにあったんだ」と目標を思い出すことができるだろう。

「中期計画」や「単年度の目標」は、そのときの身の丈より少しだけ上の目標がちょうどよい。等身大から大きく離れると途中で諦《あきら》めてしまうから、全力でやれば達成できる目標を立てるのである。

あとは毎年、年頭所感を書くことで経過確認をする。これを続けていたら、いつの間にか同期トップで取締役になっていた――そんな感覚がある。人に言われたことをただハイハイとこなしているだけで、出世するはずがないのだ。

「長期のビジョン」は、最初のうちはまったくリアリティがないかもしれないが、いくつか「中期計画」を実現させた頃から風景が変わり始め、やがて「おや、ぼんやり見えてきたぞ」と思うときが来るだろう。

仕事の好機をとらえる①
提案には通すタイミングがある

出世をしようと思えば、何がしかの実績が求められる。それなりの実績を積み上げていこうとすれば、時機を見る目とチャンスを逃さない行動力が必要であろう。

どんなに苦労して作り上げた中期計画であっても、トップマネジメントが交代するようなことがあれば、新任の役員が「自分の目でもう一度中期計画を見直したい」と言い出すリスクに晒《さら》されてしまう。もし本当にそうなれば、苦労して練り上げた計画が水の泡だ。だから、株主総会で担当役員が変更される6月までに経営会議に上程するというのが、私の戦略であった。こうしたタイミングも考えずにこの種の作業に手を付けると、ダラダラと何カ月もかかり、時機を逸することになる。

そう考えるようになったのも、当時の東レの中期計画の立て方に無駄が多かったからである。

予算は売上計画を立てていけばいいから比較的簡単なのだが、今後3年程度を見越しての中期計画となると、「どうしようか」「いやこうするべきだ」と、要領を得ない議論が果てしなく続き、貴重な時間が潰《つぶ》れていく。ようやくできた計画を上申しても、「ダメだ」と言われればまたゼロから計算のし直しで、下手をすると1年くらいかかるのである。これでは中期計画を毎年つくっているようなもので、どれだけ多くの時間が奪われてきたか分からない。

提案するには時機がある。しかし会社は年度単位で計画を立て、実行し、見直すというローテーションで進んでいくのだから、いつ頃何がどんな風に決められていくのかは分かっているはずだ。

私は、どの事業部に行こうとも、6月の経営会議に間に合わせるまでの進行をまったく同じスケジュールで行っていた。

○12月～1月　《議論の期間》
自分が提案したい事業の骨太の方針を作り、それをたたき台としてトップマネジメント層に提案し、議論してもらう。これは必ず一人で作っていた。こうした重要な計画策定は上司の仕事であるし、現場に作らせて上がってくるのを待っていたら時機を逃すからだ。

○1月末～3月　《予算立て》
部下が来年度予算の売上高や利益の策定をする時期に当たるので、そのついでに、中期計画の2～3年後の数字も作らせる。

○3月中旬～5月上旬　《中期計画策定》

○6月　《経営会議に上程》

この進行方法なら、計画作りに費やす時間を最小限にできるし、翌年の計画と３カ年計画を同時に作れるので非常に効率的である。

年度始まりは会社によって違う。一度自分の会社では、重要なことがいつ、どんな手順で決まっていくのか調べてみるといいだろう。

仕事の好機をとらえる②
好況、不況を読め

どんなに素晴らしい事業計画であっても、タイミングが悪ければ全社審議の場で通ることはない。

収益が悪化したときは、構造改革を断行するチャンスである。

反対に、悪くなったときにどうするかを考えられるのは、好況の時である。

今がどちらのタイミングなのかは、常に考えていなければならない。

『計画遂行に見直しは不可欠』で紹介した工場新設の話は、私がプラスチック事業の企画部長に着任した当時、「この事業は海外で絶対に伸びていく」と確信した事業であった。だが、それまでの東レはあくまで繊維事業がメインの投資先であって、プラスチックにはあまり目が向いていなかった。今までだったら、提案しても玉砕していたに違いない。ところがその時期は繊維事業が大苦戦をしているタイミングで、上層部には繊維に対する投資意欲がないことが分かっていた。他に将来性のある新しい投資先があるのだったら、発案すれば通る公算が大きかった。東レにとってはピンチであるが、プラスチック部門にとってはチャンスだった。

そこで私は、海外に新工場を次々と新設する事業計画を提案し、予想通り2年半で1000億円の投資資金を得ることができた。当時のプラスチック部門の年間の売り上げは1500億円。普通に考えれば、1000億円の事業で1000億円の投資などできるわけがない。しかし東レ全体が持つ予算で考えれば、無理ではない資金だった。筋がいい投資であれば予算は出るのである。もしこれが、繊維事業で新規案件を立ち上げるというようなタイミングであれば、プラスチックにはこれほどの資金は廻《まわ》ってこなかっただろう。これは、「業績が悪化したときこそ構造改革」の例である。

一方、本業が好況のときというのは、得てして経営資源を投入して増員したり、設備投資に過分な予算をかけたりしがちだが、会社がいいときにこそ、悪いときのことを考え、賢明なる対策を整えるべきなのである。これを私は「好況時の不況対策」と言っている。

たとえば私がナイロン事業に携わっていたときのことだが、当時は生産拠点としての工場が滋賀、愛知、岡崎《おかざき》の3カ所にあった。そのままその工場を使い続けることもできたが、それなりに施設の老朽化が進んでいて生産効率が悪くなっていた。そこで北陸に最新鋭の設備を備えた生産工場を新たにつくり、滋賀と岡崎の分をそちらに集中させることにした。

当然、建設費も膨大なら、償却費も大きな負担になることは分かっていた。しかし、そのとき東レは好況下にあった。だから経営陣は、その一見贅沢《ぜいたく》に思える提案にＯＫを出した。これが不況時であれば、絶対にその決断はなかっただろう。

それが自分にも会社にもＷｉｎ－Ｗｉｎの提案であれば、好況時・不況時にかかわらず、挑戦できることは必ずあるはずだ。

仕事の好機をとらえる③
出会いを活かせ

好機をとらえることが大事なのは、計画の立て方やお金の使い方ばかりではない。人との出会いも、大きなチャンスとなることがある。

私がちょうど繊維企画管理部の課長になったときは、東レの繊維事業が赤字に転落し、立て直しの事業プランが出されたときであった。そのプランに飛びついたのが、生産担当役員の前田《まえだ》勝之助《かつのすけ》さん——後に「東レ中興の祖」と呼ばれた伝説の社長——だった。

私はずっと管理畑を歩いてきた人間で生産部門の人はよく知らなかったが、このプランが立ち上がり生産部門と営業部門がひとつのプロジェクトとして集結させられたことで、その存在を知ったのである。出会ったとたんに「いや、この人はすごいぞ」と衝撃を受け、ためらいなく、この人に賭《か》けようと決めた。

それからというもの、私はなるべく前田さんの側にいて、彼が何か動きを起こしたときにはすぐに必要と思われる資料を提供し、積極的に意見を述べ、アイディアを提案した。能力が高く気性が激しい前田さんの側近として働くことは常に緊張の連続だったが、そんなことを気にしている場合ではない。自分に与えられた最大のチャンスに、絶対に喰《く》らいついていってやると心を決めていた。前田さんはそんな私をどんどん活用してくれたものだ。「この人に賭けよう」と思っていることは、言わずとも相手に伝わるものである。

２年後、繊維事業の再構築を成し遂げ再び利益が出るようになったとき、その功績が認められて前田さんは社長に就任した。2年前には単なる取締役だった人物が、14人をごぼう抜きにしての大抜擢《ばってき》であった。

前田さんは、東京で経営トップの座に就くに当たり、主要事業、人事や経理、技術、国際などの各部署から8人のベテランを自分の側近として選抜した。「8人の侍」と呼ばれたそのメンバーに、繊維からただ一人、私が選ばれた。

繊維は前田さんの本拠地であり、彼とずっと一緒にやってきた子飼いの人間がたくさんいたので、普通であればその中の誰かを連れて行くはずなのに、課長である私を選んだのである。8人の側近のうち課長というのは私一人で、あとはすべて部長以上だった。

あのとき、前田さんに賭けようと思ったのはただの勘である。しかし、彼が抜きん出た存在だったことはすぐに分かった。できる人の傍で働いたことのある人なら、私の気持ちがきっと分かるだろう。

もし、そんな人物と出会うチャンスがめぐってきたのなら、躊躇《ちゅうちょ》せずに喰らいついていくことだ。激務が待っていたとしても、そのときこそが将来の扉を開く大切な時機となるだろう。

失敗を恐れず、リスクを取れ

さて、いかにいい計画があり、好機が訪れたとしても、行動を起こすにはそれなりの勇気がいる。そのことについて触れておきたい。

小池百合子《こいけゆりこ》さんが都知事選で大勝利を収めた。

自民党本部の承諾を得ずに立候補したことで、小池さんは自民党という巨大政党を敵に回してしまった。いかに大臣経験者であろうとも、まるで巨象と蟻の闘いのように思えたのは私だけではないだろう。

どうなることかと思いきや、小池さんは自分のほうから党を訪れて支援を断った。宣戦布告して自らの退路を断ったのだ。実に肝の据わった行動である。

その後の選挙戦の巧みさは、みなさんご存じの通り。これまでの都政を批判して対立構造をつくり、都民をがっちり味方につけたのは、かつての師匠である小泉純一郎《こいずみじゅんいちろう》元首相のやり方とよく似ている。

そして都知事選に圧勝し、「都民ファースト」という公約をひっさげて都庁に乗り込んだ小池さんのもとで、豊洲《とよす》新市場の驚くべき実態が明るみに出た。

選挙に出るか出ないか、自民党と決別するかしないか、築地《つきじ》の移転を延期するかしないか。これら一つひとつが、大きな決断であったはずだ。しかし、勝負に出るしか道はなかった。勝算がどれほどあったかは知らないが、彼女は「崖《がけ》から飛び降りる覚悟」でそれを自分に課したことは間違いないだろう。これほどの勝負師は男性でも珍しい。

「リスクを取る」ことでしか得られなかった大勝利。だがそれも、結果が出たからこそ言えることである。選挙戦を通して自民党は徹底的に小池さんを握りつぶそうとしていたのだから、渦中の心境はいかばかりか、想像に難くはあるまい。

会社員にもリスクを取るべきときはある。誰かを敵に回さなければならないこともある。出世を目指すのであれば、そのことの重要性を理解しておくべきである。

会社員にとってのリスクとは何だろうか。

最大のリスクは「クビになること」である。もちろんクビになれば明日からの暮らしが不安定になり、将来不安が増す。家族がいればなおさら、深刻な事態である。次の仕事が見つかったとしても、今までの努力はご破算だ。一から出直しというのも確かに辛いだろう。しかしそこで、また面白い仕事に出会えるかもしれない。なによりも会社員なら、起業家のように個人で莫大《ばくだい》な借金を抱えることはないのだ。

会社が倒産する、自分がクビになる、仕事で失敗して出世の道を断たれる——そのような不安は会社員である限り誰にでもある。しかし、それを恐れてリスクを取れないでいると、なかなか出世の道は拓けない。

新事業を提案してその責任者になる。新しい時代に適した事業の構造改革に取り組む。新しい取引先との大きな商談をまとめる。どれも失敗の可能性や、敵をつくることを恐れていてはできないが、勝てば業績となって他者より一歩も二歩も先に進むことができる。最大のリスクはクビだという覚悟があるくらいのほうが、肝の据わった仕事ができるというものだ。


これはなにも会社員に限ったことではないが、常に新しいところや高いところを目指していくという覚悟がなければ、年齢を重ねるとともに後退あるのみだ。

挑み続ける心こそ、出世の良き相棒なのである。

仕事は終わったところから始まる

「ああ、やっと提案書が完成した」と思ってはみたものの、上司が出張中とか、連休を挟んだといった何らかの事情があって、しばらく放っておいたという経験はないだろうか。そして、数日後に再度それを見返してみると、意外とつまらないなと思ったり、また違ったアイディアやもっとレベルの高い発想を思いついたりしたという経験は、きっと誰にでもあるのではないかと思う。

寝かせる時間というのは、案外有効なものである。集中して根を詰めて計画を練り、やっと終わったという達成感のあまり、すぐにでも提出したくなるのは人情である。はやる気持ちはよく分かるが、頭が興奮しているときというのは、アラも多いものだ。仕事の質を上げたいのであればそこはグッと抑えて、「寝かせて見直す」という気持ち、および に時間の余裕を持ちたいものだ。

もちろん至急の案件を寝かせるのは論外である。そういうときには拙速を選ぶべきだが、たとえば新商品を企画する、予算を立てる、中期計画を策定する、設備投資を発案する、人事異動の構想を練るといったクリエイティブな思考を求められる仕事の場合、脳が興奮していて勢いがついている。勢いで作ったものは、必ず落とし穴があると思ったほうがよい。

恋愛は勢いで始まるが、結婚は勢いでしないほうがいいのと同じで、アイディアは突如として頭に浮かぶが、じっくり吟味しないまま人に話しても、細かいところを突かれてあえなく撤退というのがオチだろう。結婚は個人的な問題だから突っ走ってしまったとしても他人にどうこう言われる筋合いではないが、仕事であれば稚拙な提案に巻き込まれたほうはたまったものではない。いい加減とか、詰めが甘いといった印象を与えてしまう恐れもある。

だからできあがったら数日は放置して、「さてと」と見直してみる。すると不思議なことに違ったアイディアが思い浮かんだり、矛盾点が見えてきたり、見落としに気付いたりする。それはなぜかといえば、全体像が見えているからである。

他人に意見を求めるにしても、一度は落ち着いて推敲《すいこう》をする。その段階から議論を始めないと結局時間のロスだ。全体の流れが正しく分からない限り、誰にも正しい判断はできないのだから。

仕事の質を上げたいのなら、いいアイディアを思いついたとか、上司から言われた仕事が完了したといったタイミングで、敢《あ》えて一拍置いて見直すという粘り強さを持ちたい。そのためには、その時間を生み出す計画性や、完成までの時間を短縮する合理性も求められる。そうした意識を持って日々の仕事に向かうことで、ある日、いつの間にか自分の仕事の質が高まっていたことに気付くだろう。

部下力を磨けば、出世力は上がる

今だから書けることだが、私が営業部に配属されたときの上司は、私がもっとも苦手とするタイプだった。かなり細かい性格で猜疑心《さいぎ》が強かった。そんな具合だから、ますますこの人物が苦手になってしまい、まさか後々この上司が私の出世のキーパーソンになるなどとは夢にも思っていなかった。

しかし同じ部の上司と部下である。なんとかスムーズに仕事を進めていきたいと気持ちを切り替えることにした。その上司は、私とは考え方も仕事のやり方もまったく違うタイプだったので、彼が一体何を求めているのか、どうすればスムーズに業務が進められるのかが私にはよく分からなかった。ならばいちいち上司の注文を聞こうと考えた。とはいえ、うるさがられては元も子もない。

そこで実行したのが、２週間に一度のミーティングタイムを持つことである。１回につき30分間、半ば強引に上司のスケジュールを押さえ、二人だけで話をした。ミーティングの前には、必ずその日の報告内容を簡潔にまとめたペーパーを提出しておく。そうすることで相手は、今日何の話をされるのか予測がつく。内容が分かっていれば人は安心する。余計な警戒心を抱かれずに済むのだ。

ミーティングでは必ず業務報告をし、肝心なところは丁寧に説明して「この件についてはご意見をうかがいたいです。私としては、選択肢はAとBとあると思いますが、こういう理由でAをやりたいのです。どう思われますか？」という具合に話をした。たいがいは「よし、ではそれでいけ」という答えを引き出せた。

コツはただ「どう思いますか？」と聞くのではなく、自分の意見を述べてから相手の意向を聞くことだ。こちらの意見を述べずに意見を聞かれると、人は自分が試されていると警戒する。それに意見を出されれば上司は判断するだけで済む。こちらの主張に筋が通っていれば、そうそう反対されるものではない。

もうひとつのコツは、決して30分をオーバーしないこと。ダラダラ話していると次回を嫌がられる。そのうち30分が20分になり15分になり、どんどん短くなっていった。

最初の頃はぶつかることもあったが、それでもくじけずにミーティングを続けて1年が経った頃、その上司がマーケティング部門の部門長として異動する辞令が出た。これでようやく苦手な上司から解放されると喜んだのも束の間、その4カ月後になんと私は彼に呼び寄せられたのである。正直うれしくなかったが仕方ないと諦め、次の部署でも同じミーティングを繰り返していたら、今度はプラスチック事業部門長として上司が転出していった。そしてその3カ月後、またしても私はその上司に呼び寄せられたのだ。

つまり私はすっかり気に入られていたのである。私がもっとも苦手だった人が、私をもっとも評価する人に変わっていた。私が東レでうまくいったのは、この上司の存在が大きい。彼はその後、副社長まで行ったのだから。

会社員にとって一番重要な人物は、自分の評価を決め、異動を決める上司である。そのキーパーソンをいかに自分の味方につけるかということは、会社員人生を左右するという意味では、お得意様との付き合いよりよほど大事なことである。

出世したいのなら、自分自身の部下力を磨くこと。どんな部下を求めているのかなど上司は教えてはくれないから、自分でニーズを探し出すしかない。

上司がどんな人間かをよく観察することも必要だろう。どういう言い方をすると怒り、どういうことを言うと喜ぶのか。どんなタイミングで飲みに行きたがるか、好きなスポーツチームはどこか、あるいは無駄なおしゃべりは嫌うのか……。そして上司が成果を挙げるために、最大限尽力するのである。

それを「おべっか」と言う人間には言わせておけばよい。「海老で鯛《たい》を釣る」ためには、足もとのやせ我慢が求められるものなのだ。

異質な人間の意見を聞く耳を持て

人は固定観念や思い込みにとらわれがちである。特に40歳も過ぎて自分なりの考え方や価値観が固まってくると、思い込みにつかまりやすくなる。「思い込み」とは、思考の枠組みそのものだから、人は思い込みにとらわれてもそれに気付くことができない。

私の知るある会社では、月曜の朝には必ず役員全員が集まり、情報交換をしていた。参加者の誰もがそのミーティングに出ることを当たり前だと思っていたか、あるいは自分だけ情報から取り残されることが不安で出席していたのだろう。しかしそのための時間のやりくりは大きな負担になっていた。

ある日、とうとう誰かが勇気を出して「毎週じゃなくてもいいんじゃないか」と発言すると賛成意見が続々とあがり、「隔月にしよう」「いやいや、しばらく止めてみるか」ということになった。そうしたところで特に何の支障もなく、結局は重要な会議ではなかったということが明らかになったという。


私にも似たような経験がある。東レがある会社と合弁した後、ある習慣が大きく変わったことがあった。

その会社（ここではA社としよう）と東レでは、経営会議用の資料の作り方がまったく違っていた。東レではいつも、詳細なデータが入った時には30ページにも及ぶ分厚い資料を用意していた。ところがA社側では、詳細なデータが欲しいという人には後で配ればいいという割り切りで紙の資料は用意せず、ポイントだけをまとめたＯＨＰを使っていたのだ。

私たちはA社から来た人に「なぜ毎回こんなレポートを作っているのですか？　Ａ４

一枚で十分でしょう」と聞かれ、誰も答えることができなかった。憲法で定められているかのように必ず用意されてきたレポートだったから、誰も疑問を抱かなかったのだ。「長過ぎるんじゃないですか？」と言われてみれば確かにその通り。実際、発表する人間も30枚もの資料をすべて説明する時間はないから、どんどん飛ばして話していた。要するに、話し手が、資料がそこにあれば質問が出たときに対応できるから安心なのだ。言ってみれば「保身のための資料」である。それを部下たちは毎回大変な作業をして準備していたのだ。

思い込みは、たとえそれがどんなにばかばかしいものであっても、そうと気付くのは難しい。ましてや内部の人間だけでその習慣を変えようとしてもまず無理だろう。そのおかしさに気付き、異議を唱え、変えるべきだと言えるのが、異質な存在なのである。

ブレイクスルーは組織に多様性を持たせることによって引き起こされることが多い。そのためには異質な存在に何かを言われたときに、それを批判と受け取らず、謙虚に聞けるかどうか――これが肝心である。

すぐれた経営者は、異質を受け入れる度量が大きい。自分と考えが違う人を敢えて自分の側におき、折にふれて意見を求め、自分の考えを修正していくのだ。

自分の話を客観的に聞いて、冷静に意見してくれる存在を日頃から確保しておくというのも大切な心がけである。

人間の多様性を理解し、忍耐強く向き合う訓練をせよ

企業が新卒社員を一から育て、プロパーから経営者が生まれてくるのが当たり前だった時代は去った。他企業のカルチャーで育った中途採用者が入ってきたり、雇用条件の違う人間が同じ部にいたり、外国人と席を並べたりということが日常的に起こっている。さらには、女性や高齢者の活用も進めていく時代である。こうした多様な人間を有効に活用していく「ダイバーシティ経営」は今後一層重要になってくるだろう。

そもそも人間は多様である。能力の高い人、低い人、癖のある人やヤル気のない人、

男性に女性、新人から定年間近まで、全員ひっくるめて指揮を執らなければならないのがリーダーである。だから実務能力と並行して、社員の多様性を受け入れる度量がある者がおのずと人の上に立つようになるのは、今も昔も同じである。

アリやハチなどの社会性昆虫の集団には、ほとんど働かない個体が常に２〜３割存在するという興味深い研究がある。なんでも、仕事に対して腰が軽いアリと重いアリがいて、腰の軽いアリから順に働き出すのだそうだ。試しに働き者のアリばかりを集めても、必ずその中から怠惰なアリが２割出てくる。しかし、働き者のアリが疲れて休んだときには、怠け者とみられていたアリが代わりに働くようになる。そのようにして集団の持続性を保っているというのである。まるで人間社会を見ているかのようではないか。

社員の出来不出来など、会社によってそれほど違うものではない。どんなにすぐれた企業でも、怠け者のアリのように、期待外れの人間は必ず何割かいるものだ。

では、彼らは無用の長物かといえば決してそんなことはない。ポテンシャルを発揮していないだけの人がほとんどであろう。

与えられた人材は、どうにかして活《い》かすのが上に立つものの役目である。子どもに「親の言うことを聞きなさい」と上からガツンとやっても、なかなか素直に聞いてもらえないのと同じで、相手が部下だからといって頭ごなしに強制しても通用しない人間が必ず現れる。それを力でねじ伏せようとすれば、組織に軋《きし》みが生じるだろう。

特に今どきの新人は、きつく言うとすぐ「じゃあ辞めます」となるから注意が必要だ。「根性がない人間は辞めさせればいい」と思うかもしれないが、会社は採用にそれなりの投資をしている。しかも、大勢の応募者の中からせっかく選んだ人材につまらないことで辞められて、また新しい人を探さなければならないのは大変なロスである。それに上司には部下を育てるという重要な役目がある。

大切なのは、なぜ新人がすぐに辞めてしまうのかを考えることである。

私の新人時代には、せっかく入った会社をそんなに簡単に辞める人間はいなかった。それは今より生活水準が貧しく、その一方で我々の鼻面には昇給、昇進、結婚、マイホームというそれなりの人参《にんじん》がぶら下がっていたからだ。それに比べ今どきの若者は現時点での生活にそれほど困らないうえに、将来への夢が持ちにくい。労働市場が流動化しているから、こっちを辞めてもあっちに行けるとも思っている。しがみついてでもがんばるというモチベーションが持ちにくいのである。

こんな具合に部下のことを理解しようとすれば、子育てに似た忍耐力が求められる。「何が不満なんだい？」「いいこともあるから、ちょっとがまんしてみたら？」と言って聞かせる。そんな気持ちや時間に余裕のある上司や先輩が、今は少なくなっているのかもしれない。

多様性を受け入れる度量とは、換言すれば他人を理解し、忍耐強く向き合う力なのである。

専門外の部署に顔を出すのは将来への種まきである

出世したいと思ったら、なるべく多くの人に顔を売ることである。役員が人事を決めるときに、自分のことを知っているか知っていないかの差は決定的に大きい。言ってみれば政治家の選挙みたいなもので、顔と名前を売らないことには票は取れない。どれだけ多くの有権者と握手したとか、宣伝カーで走り回ったかといった地道な積み重ねが、後々功を奏するのである。

世の多くの会社では、社内が事務系と技術系に二分されて、お互いが疎遠である。そんな会社で、全国の支社から本社に集まって大きな会議が開かれたとしよう。すると終わったあとに何が起こるかというと、事務系は事務系、技術系は技術系にきっぱり別れて解散となる。技術系はさらに研究と製造に分化して、別々の方角に向かうだろう。いわゆる畑が違うと、同じ会社であってもお互いに興味を示しもしない。昇格人事の際にも、引き上げてくれるのは同じ畑の上司である。

東レもご多分に漏れずそうした傾向があり、互いの交流は乏しかった。私は一貫して事務系の人間だったが、積極的に技術系の人とコンタクトを取るようにしていた。地方に出張に行けば、なるべく近くの研究所や工場にアポイントを入れて顔を出し、技術系の人たちのニーズや意見を聞き出すようにしていた。その際、飲みに誘われれば喜んで付き合っていた。

飲みの席では向こうから聞かれない限り自分の話はしないようにしていた。日頃無口な技術者たちもお酒が入ると饒舌《じょうぜつ》になって、現場ならではの苦労話や、技術系独特の夢や目標を話してくれたからである。話を聞くうちに違う世界が見えてきて、さまざまな発見があった。特に年長者からは私の知らない過去の話や、ちょっとした裏情報を聞くことができ、それなりの重みがあって教わることが多かった。

私は生産工場と販売の情報交換をする生産販売連絡会の事務局をやることになったことがある。石川工場、名古屋《なごや》工場、愛媛工場などに一同がせっかく集うのに、相変わらずみんな会議が終わるとすぐバラバラになって帰ろうとする。そこで毎回必ず懇親会を設け、相互の交流を図るようにした。何でもやってみるものである。事前に懇親会のお知らせをしておけば、案外みんな参加するではないか。所属部署は違っても、たまに顔を合わせればにっこり笑って話しかける相手がいるというのは誰だってうれしいものである。徐々に連絡会の雰囲気が良くなり、お互いの話を聞く雰囲気が生まれていった。

そうこうするうちに、「佐々木という人間は技術系の話を聞いてくれる」と、技術系の中で顔を知られる存在になっていった。

実は、これが後々私にとって有利に働くことになった。同じ事務系の中だけで評価されるより、技術系に評価されるほうがよほど影響は大きかったのだ。なぜなら技術系は東レの5分の3を占めるマジョリティだったからだ。

計算がまったくなかったのかと聞かれたら、正直なところ判断は難しい。どこかで仕事にプラスになるだろうとは思っていたが、票集めという意識はなかった。元来、人間が好きで好奇心が強い性格だから、自然にそうしていたという面が強い。

いずれ役員以上になれば、事務系・技術系という枠組みを外れて会社全体を見なければならなくなる。枠に囚《とら》われずにいろんな立場の意見を聞き、視野と人脈を広げておくことは将来への種まきである。

信頼口座の積み立てはコツコツと。時に残高照会も忘れずに

「信頼口座」とは銀行の預金口座の人間関係版のようなものである。たとえば私が知人のAさんのことを親身になって考え、彼が困っている場面で助けてあげたとしよう。当然Aさんの中で私の信頼口座は増える。逆にそのとき私が見て見ぬふりをしたとすれば、信頼口座の残高は大きく目減りする。

この信頼残高が十分にあると、何か大きな失敗をしでかしたとしても、「彼があんな失敗をするなんてよほどのことだ」と受け止めてもらえる。逆にこの残高が不足していれば、ひとつの失敗が命取りになる。

信頼の積み立てをするために、特に高い能力が求められるわけではない。私たちが子どもの頃から繰り返し教えられてきたこと――相手に対する気配りを忘れず、礼儀を大切にする。守れない約束はしない。約束をしたらできる限り守る。人や場面によって態度を変えない。裏表のない行動を心がけるなど、人としてまっとうであろう、相手に対して正直であろうとすれば良いのである。

しかし、それでも信頼が崩れることがある。

私たちは、「こちらが期待していることは、相手もよく分かっているはずだ」と思いがちである。ところが実際にはそれは思い込みに過ぎず、お互いに相手にとって期待外れのことばかりをやっているということが往々にして起こる。そのうちどんどんお互いに対して疑心暗鬼になり、信頼口座の残高が減っていくということがあるのである。

だから常に、「相手に対して期待を明確にすること」を意識しておく必要がある。

相手が嫌いだから、苦手だから、トラブルがあったからといって、相手の本心を知ろうともせず、疑心暗鬼のまま相手と接し続けるのが一番まずい。お互いに信頼口座の残高がマイナスになったまま関係を続けようとするようなもので、どんな努力もますます赤字を増やす結果につながってしまう。逆にトラブルが発生したときこそ、対応いかんで信頼口座の残高を増やすチャンスになる。いかに胸襟を開いて向かい合えるかが、信頼関係を築くうえでは非常に重要である。

もうひとつ気をつけたいことがある。信頼残高は常に変動しているものだから、時々「残高照会」が必要なのだ。このことについて、苦い経験がある。

私は57歳のときに、事務系の中では同期トップで取締役に就任した。同期トップで就任した人はたいてい専務か副社長くらいになっていたので、私もそのあたりまでは目指せそうだという手応《てごた》えを感じていた。ところが役員就任からわずか2年で、子会社である東レ経営研究所への辞令が出たのである。

私は取締役になってからも「会社のためにならない」「このままでは業績が悪くな

る」と思えば、躊躇せず進言していた。「社長、お言葉ですが……」と苦言を呈したこ
とも一度や二度ではない。なぜなら社長は私を役員まで引き上げてくれた、いわば私の
人生を決めた上司だったからだ。あっちに行け、こっちに行けとさんざん辛《つら》い経験をさ
せられたが、すべて私を育てるためだった。私もそれが分かっていたから、期待に応え
ようと必死にがんばってきた。そういう強い信頼関係が成立していると信じていたのだ。
　しかし実際は、いつの間にか社長と私との間に少しずつズレが生じていた。最後の最
後で信頼残高が不足していたことに、私は気付くことができなかったのである。

　その人がどの程度信頼に値する人物なのかを、人はお互いに測りあっている。
　多くの人から信頼を寄せられている人は、仮にある人との関係において何らかのトラ
ブルが起きて残高ゼロの状態になったとしても、他の人に助けてもらえたり、立替えて
もらえたりするものである。良い習慣の積み重ねが、後々、自分を救ってくれる大きな
財産となる。平素からそのことを忘れずにいたい。

座右の書を持て

人の上に立つ者がぶれてしまっては、組織はまとまらない。

仕事には状況に即して流動的に変えていかなければならない部分が常にあるが、リーダーの軸がぶれないことで間違った方向に進むことが避けられるし、部下たちも迷わず従うことができるのである。

軸とは企業であれば「経営理念」であり、人間であればその人の「人間性」そのもの、「生き方」そのものである。

「新しい価値の創造を通じて社会に貢献する」

　これは東レの経営理念である。繊維事業であれ、プラスチック、環境分野、何であれ、東レが行う事業には「新しい価値」と「社会貢献」が内在していなければならない。

　こういう概念的なものを何も常時意識している必要はないが、時々は思い出して嚙《か》みしめることが大切である。この軸を忘れた人間がトップに立つと、マスコミを賑《にぎ》わすような不祥事を起こすことになる。


　私が座右の書を持つことを勧める理由は、1冊の本が自分の軸足を確かなものとするよすがとなるからである。

　私の最初の座右の書は、キングスレイ・ウォードの『ビジネスマンの父より息子への30通の手紙』（新潮文庫）だった。ウォードは苦労して大学を卒業し、公認会計士として働いた後、製薬や化粧品などの事業を興して成功した企業家であり、働き盛りに二度にわたる心臓の大手術を受け、死に直面した。命あるうちに自分が学んできた人生の知恵やビジネスのノウハウを息子に伝えようと書いたのが、「経営とはどういうものか」

「結婚とは」「家庭とは」「部下とは」など、父親としての愛情とビジネスマンとしての熱意に満ちた長年書き綴《つづ》ってきた息子への手紙だった。たまたまその存在を知った編集者の依頼によってそれは書籍化されたのだ。他人に読ませようと思って書かれたものでないからこそ、余計に心に響いた。私は父を早くに亡くしていたので、父親とはこういう存在なのかと感動したものだ。

人間は弱く、ぶれやすい。セルフコントロールだけで迷いや邪心、欲に打ち勝とうとするのはなかなか難しい。座右の書とは、何か迷ったときにそれを読むことによって自分の軸を確かめるための道具となる。

外務大臣や内閣総理大臣を歴任し、戦争回避に全力を尽くしながらA級戦犯となった広田《ひろた》弘毅《こうき》は、大変な読書家として有名だった。彼は毎日就寝前に必ず『論語』を読み、自分の心がぶれないように心がけていたという。

西郷隆盛《さいごうたかもり》は、島流しにされた32歳から37歳までの不遇の5年間、ひたすら佐藤一斎《さとういっさい》の

『言志四録』を読み続けた。

宗教はひとつの支えになり得るのだろうが、戒律の厳しい宗教を持たない多くの日本人には、座右の書がその代わりになるだろう。

第3章

出世するにはコツがいる

出世する人は、必ず何か仕掛けをしている

出世は、そつなく仕事してさえいればいつか自分にもチャンスがめぐってくるというような甘いものではない。まれには「気がついたら偉くなっていた」という人もいるのかもしれないが、それはよほどの運の持ち主である。ほとんどの人は必ず自ら何らかの仕掛けをしているものだ。

「出世のきっかけ」は自分で摑《つか》まえに行くものである。そしてそれは、日常業務とは別の階層で常に意識していなければならない。目の前にはいつも急ぎの仕事がある以上、

そういう類《たぐい》の努力は自分で自分に強いなければできるものではない。だからこそ、意識した者が他人より一歩先んじるのだ。

どんな社会にも政治はつきものだが、出世にも社内政治の側面がある。社内政治とはつまり、ある種の駆け引きや策略を持って行動するということである。有力な役員や部長といった花形たちとも積極的に接触を図り、顔見知りになっておくというのがこれに当たる。

私も課長時代には、いつ、いかにアピールするか常にアンテナを張っていた。たとえば私は常に「２段上の上司」を意識していた。直属の上司は自分を評価したり異動を決めたりする人だが、２段上の上司というのはそれをひっくり返せる人であり、嫌な上司を飛ばしてくれる人である。その人物と仲良くならない手はないだろう。

きっかけはいつ訪れるか分からない。エレベーターを待っているとき、向こうから２

段上の上司がやってきたらあなたならどうするだろうか。私ならそんなときにはじっと待っていて、たまたまエレベーターに乗り合わせたという顔をして、「先週のパーティーでのスピーチは素晴らしかったです」「昨日の会議は大変だったようですね」などと、相手の琴線に触れるワンフレーズで話しかける。

声をかけられた上役にしてみれば、部下からそう言われて嫌な気はしない。それどころか自分の部下のそのまた部下の話は、チャンスがあれば直接聞いてみたいと考えている人のほうが多いものだ。そうやって顔を覚えてもらうのである。普段からコミュニケーションが取れていれば、何かのときには相談に乗ってもらいやすくなる。思いも寄らない素晴らしいアドバイスをもらえることもあるだろう。

そのような上司は、いざというときの切り札となってくれるかもしれない。「ちょっと相談があるので５分だけお時間をいただけますか」と話を持ちかけられるようになればしめたものだ。いくら忙しい上司でも、５分程度なら作れない時間ではないだろう。あとは相手の時間を奪わないよう、短時間で切り上げるように気をつけることである。

　実際に私はこの手を使い、上役から「やってみなさい」という言葉を引き出して、直属の上司に了承してもらえなかったプロジェクトを実現させたこともあった。もちろん、直属の上司との関係が悪くならないよう、「先日たまたまエレベーターでご一緒した際に聞かれたので説明をしていたら、やってみなさいと言っていただけました」と、報告しておくのである。

「偶然は、準備のできていない人を助けない」とは、ワクチンの予防接種を開発した化学者、パスツールの言葉である。日頃から仕掛けをし、チャンスを引き寄せる。そして、やってきたチャンスはしっかり摑みとる反射神経も磨いておきたい。

見えないヒエラルキーを観察せよ

私が長い会社人生で学んだ教訓のひとつは、「喧嘩《けんか》をしてはいけない」ということである。

誰かに不満を持ったとき、それを相手にぶつければ溜飲《りゅういん》は下がるだろう。しかし後味が悪いし、間違いなくその人とは険悪になる。自分の悪口をあちこちで言いふらされたりしたら社内での評判が下がり、仕事がやりにくくなる。その遺恨は、将来に痛いトゲとなって刺さってくるかもしれない。社内の人間と仲違《なかたが》いして、良いことなどひとつもないのである。

戦略とは、「戦いを略す」と書く。不要な争いを避けることが戦略なのである。

その方法のひとつは先述した通り部下力を磨くことである。嫌な上司だからといって反目していても力関係ではかなわないのだから、自分の部下力を磨くほうがよほど現実的な対処法である。

そのためには、自分の上司がどんな人間なのかを客観的に分析し、理解しようと努めることだ。穏やかな人柄なのか、短気なのか。性善説に立つ人か、性悪説か。人の意見に耳を貸す人なのか、意見されることを嫌がる人なのか。おべっかが好きか、嫌いか。どんな言動をすると嫌がるのか。そういうことをちゃんと押さえておかないと対応を誤ることになる。

自分が性善説と性悪説のどちらに立つのかが問題なのではない。人はみな違うのだからその違いを認め、違いに応じて行動を採るということが、会社という組織の中では大事なことなのである。

その人のバックグラウンドを理解しておくことも有効だろう。

私は人物分析の一助として、社内キーマンごとに入社年度、出身大学、経歴などをすべて暗記していた。そして何かと理由をつけては、そうしたキーマンたちと言葉を交わす機会をつくり、出身校の野球リーグでの活躍ぶりをほめてみるなどして良好な関係を築くようにしていた。

また、そうした花形を訪ねる際には、その周辺にいる部長や課長、秘書、部のお局《つぼね》さまなどにも分け隔てなく話しかけて、顔を売っておくとよい。ひとつには気楽に顔を出しやすくなるし、彼らの上司について「もうすぐ帰ってくるよ」とか「今はご機嫌斜めだからやめておいたほうがいいよ」といったかなり有益な情報をもらえるようになるだろう。

役員によっては直属の部長よりも、その下で働いている課長の意見を尊重していることもあるし、秘書やお局さまの中には役職はないけれども隠然たる影響力を持っていたり、裏事情に通じていたりするという人物も多い。こういった人たちが、何かの際には自分の味方についていて助けてくれることもあるかもしれない。

そうやって目に見えないヒエラルキーを味方にすることもひとつの処世術である。

「ごますり」も極めれば立派な戦略となる

40代も後半から50代にさしかかる頃にもなると、出世競争もいよいよ終盤戦という雰囲気が漂いはじめ、役員当落線上にいるという人などは、あらゆる方面に気を遣う必要があってストレスを感じることも多いだろう。時にはおべっかを使っている自分に嫌気がさす日もあるかもしれない。

しかし、上役に気に入られることは出世のための絶対条件である。おべっかやごますりというのは、出世するにはかなり有効な戦略なのだ。なぜなら、ほとんどの人は自分のことを「４割増し」に見積もっているものである。特に役員になるような人ならなおさらだ。少々大げさにほめたつもりが、それで当然と受け取られることのほうが多い。他人が聞いたらあからさまにごますりというくらいのほめ方をしないと、相手には伝わらないと思ったほうがよい。

「オレはごますりだけで副社長になってみせる」と豪語して、役員にまでなった人がいた。いつも最低でも15分前には地下の車庫で社長を待っている姿が印象的だった。

その人と一緒にゴルフに行ったことがある。彼は車に最新のカラオケを装備し、車中ずっと熱心に歌の練習をしていた。そんな具合だから、カラオケ店ではいつでもそのときの参加者に合わせた選曲でパッと歌い、「おや、あんな歌を知っているのか」と驚かせる。それがまたうまかった。

そんな彼は人気者でもあった。誰かが今夜、急に時間が空いたというときにはみな彼を誘ったものだ。なぜならよほどのことがない限り断らないからだ。そして彼がいれば、場を明るく盛り上げてくれるのが分かっていた。
彼の手帳には常に和洋中のめぼしいレストランが数軒ずつ書きとめてあり、たとえその場は彼が誘われた側であっても「今日は何がいい？」と聞いて、さっと電話をして予約する。そしてどんな相手にも嫌な顔ひとつせず、夜遅くまで付き合った。私には絶対にできない行動である。それを努力と言わずして何と言おうか。いかなる接待の場でも、社長をはじめ役員たちは彼といさえすれば安心だったに違いない。

ごますりは、やりたくないか、できないかのどちらかが圧倒的多数である。きっちりごまをすれるのだとしたら、それも能力である。ごまをする自分に嫌気がさす日には、そうやって考えてみてはどうだろうか。

やってはいけないのは、ごますりついでにお酒の席でうまいこと他人を出し抜こうとすることである。
ここぞとばかりに自分の手柄話をアピールするとか、「○○さんは三流大学出身で偉くなったが、実際にはこんなことしかやってないですよ」などと他人を貶《おとし》めるような発言をしてしまっては、所詮《しょせん》つまらない人間だと思われるのが関の山だ。

他人から許容されるごますりか否かは、そんなところで分かれるのではないだろうか。

ごますりは、あくまでも相手を気持ちよくさせるための手法でなければならない。

大げさなごますりが苦手な人は、思いやり上手になれ

もし、ごまをすることにストレスを感じているのだとしたら、それは自分らしくないやり方でやっているからかもしれない。ごまのすり方にも個性というものがある。見え見えのごますりが嫌なら、上品に相手を持ち上げる方法を極めれば良いのだ。

かつて同僚のA君から、彼が部長時代のこんな話を聞いたことがある。

ある日A君は、全社会議がすっかり長引き、9時過ぎにへとへとになって自分のデスクに戻ってきた。すると、すでにみなが帰った部屋にただ一人課長だけが残っていた。

A君を気遣って待っていたのか偶然なのかは定かではないが、彼の顔を見るなり「お疲れさまでした。ちょっと一杯行きませんか」と言ってきたのだという。

「こっちはへとへとに疲れ切って腹はぺこぺこ、のどもカラカラの時だよ。さすがにグッと来てね……」と懐かしそうに話してくれた様子から、相当印象に残る出来事だったということがうかがえた。こんなときには「そうか、じゃあ一杯行くか」となるのが人情だ。行った先でもA君の話をただ黙ってじっと聞いてくれたそうである。

その課長はそつなくスーッと出世していったという印象がある。彼はごますりだったのか、自然と他人を気遣える人物だったのかは判断の分かれるところかもしれない。

休日返上でゴルフに付き合ったり引越しの手伝いに行ったりするという、いかにものごますりもある。そこまでとはいわないまでも、「上司が気持ちよく仕事ができるように気を遣う」くらいの努力は必要だろう。それすらやっていない会社員がほとんどである。ちょっとくらいのストレスだったら、投資と思ってやったらいいだろう。

手持ちのカードをしっかり眺めて、チャンスカードを見極めよ

チャンスカードは、いつ、誰に、どのような状況で舞い込んでくるかは分からない。左遷と思った人事異動が、自分を育てるための上司の配慮だったということもあるだろう。あるいは事実上の左遷人事が、時代の変化でチャンスカードに変わるということもある。

私の友人の会社の話を紹介しよう。

Bさんは特に突出した業績を残したというわけではなかったが、社長がまだ部長だっ

た時代の部下で、コツコツ真面目に働き、決して社長に逆らうことがなかった。そのせいか社長には可愛がられていた。

そんなBさんは同期から3年ほど遅れてある部門の営業部長になったが、やがて支店長として異動になった。本社営業から支店に出るというのは、本流から外れて地方に飛ばされるということで、会社ではいわゆる左遷人事であった。Bさんは二カ所の支店を渡り歩き、東北支店長のときに突然、取締役として本社に呼び戻され、そのことはみなを驚かせたものだ。

何があったのか。社長にはしばしば不登校になるなど少し問題の息子がいた。

Bさんは息子の愚痴を当時部長だった社長から聞いて、何度か自宅に行ってその息子の相談相手になったり、勉強の面倒を見たりしたようだ。息子のほうも結構Bさんを頼りにし、なついたようだ。

そうしたことをしているうちに息子の問題行動は影を潜め、学校の成績も上がっていったという。

自宅に行って家族の面倒をみたこと、社長の悩みごとを和らげたことが、社長からさらに多くの信頼を得ることにつながっていったようだ。Bさんはそれを起死回生のチャンスにしたのである。

支店に出てからも、東京に出張するたびに手土産を持って会いに行ったり、自宅の奥さんや息子のところに顔を出したりした。野球好きの社長のために東京ドームや神宮《じんぐう》の特等席のチケットを数枚とっては家族や友人と行くことを勧めたりもした。

いかに剛腕タイプの社長であろうと、それを感謝しないはずがない。周囲からいろいろ配慮されることが好きなほうであった社長の性格を正しく理解していたことも大きかった。それが奏功したと断言はできないが、東北支店から本社トップへ上るための十分なアピール力となったのは間違いない。

もしもBさんが地方に飛ばされたことですっかり気落ちし、意欲を失って出世を諦《あきら》め切っていたら、ひらりと手に舞い込んだ1枚のチャンスカードを、それとは気付かなかったに違いない。

チャンスカードが、いつ、誰に、どんな状況の中でやってくるかは分からない。大事なのは、チャンスがめぐってきたときにそれを敏感に察知するセンサーを磨いておくことである。

まさに「偶然は、準備のできていない人を助けない（パスツール）」のだ。

自分の性格を冷静かつ客観的に理解せよ

失敗には「仕方のない失敗」と「しなくてもいい失敗」がある。

細心の注意を払っていても外的な要因で避けられなかった失敗なら、くよくよせず前を向いてがんばり直すしかない。

しかし、酒癖が悪いと分かっているのに、酒の席で飲み過ぎて失敗したというような身から出た錆《さび》の失敗は、相当反省する必要がある。

どんな人にも性格に先天的傾向がある。気が強い、人見知り、お調子者、細かい、慎重派、見栄《みえ》っ張り、飽きっぽい……。みんな自分がどこに分類されるかはだいたい分かっているだろう。気が強いのは決断力があるともいえるし、人見知りは用心深い側面を持っているともいえる。長所と欠点は表裏一体だから、どれがいいか悪いかではなく、自分の性格をなるべく冷静に、客観的に理解しておくことが大事なのである。

ところが自分の性格を漠然と分かってはいても、たいていの人はそれ以上に突き詰めて理解しようとはしないものだ。認識したくないというのが本当のところかもしれない。そのため、自分の欠点にどう対処すればいいかというところまではきちんと考えられていないのである。

私は48歳のときに会社から「リフレッシュ研修」というものを受けさせられたことがある。その研修では、参加者が事前に全員受ける性格テストがあった。「あなたは友だちがたくさんいますか？」「内気ですか、社交的ですか？」など100の質問事項に予《あらかじ》め答えておくのである。事務局はそれをコンピュータにインプットし、その人の性格診断を文章化する。そして研修では5名ずつのグループに分かれ、そのメンバーの診断結果が無記名で渡され、そのいずれが自分の性格を表したものかを当てなさいと言われた。正解率は50%。なんと半数の人が、自分の性格診断を間違えてしまったのである。分かっているようでいて、いかに自分のことを正確に評価できていないかが明らかになった研修だった。

自分のことが分かっていれば、たとえば人より体力がないのなら長時間労働で無理をしないよう時間管理と体調管理に気を配ることができるだろう。また、お酒を飲むとだらしなくなるタイプであれば、客との席では付き合い程度と決めればよい。お酒の失敗は時に取り返しのつかないことになるから、重々気をつけるべきである。

短気な人間なら言葉を発する前に5秒間がまんするという方法が役に立つ。何を隠そう、これは私の対処法である。私は自分が短気でせっかちであるということは、十分に理解している。だからムッとしたと同時に口を開いてはいけないと自分で自分に課しているのである。

幸いにも私には、グッと止められる抑制力がある。いや、養ったというべきだろう。ただし、グッと止めてもやはり言わなければならないことはある。怒るべき時もある。そんなときでも、５秒間がまんしてから口をつく言葉は、最初の勢いが削《そ》がれている分、相手にも受け止められる程度に言葉が和らげられ、言い過ぎて関係を壊すという失敗を犯さなくて済むのである。

自分の欠点と本気で向き合うのは、決して楽しくない作業である。しかし、向き合うからこそ克服もできる。それこそが大人力と言えるのかもしれない。

飲み会は、誘い誘われふりふられ

最近、社内の飲み会や上司が部下を誘って一杯という付き合いがずいぶんと減っているようだ。社員同士の親睦《しんぼく》を深めることの重要性が若い人たちの中で薄れてきているのに加えて、強制的に付き合わせたり、調子に乗って宴会芸をやらせたりしていると、場合によっては「パワハラ」と責められる時代である。そうなることを警戒して酒の席が遠のいているのだとしたら、昭和世代の私にとっては少しばかり世知辛い世の中のような気がしなくもない。

酒の席だからこそ生まれる親近感や、話せる話題というのは結構ある。

部下との一対一で飲む機会は、部下の口から意見や不満、提案を聞き出したり、悩みごとの相談を受けたりするチャンスだ。部課内での飲みであれば、チームの結束力を高め、決起を促す舞台となる。それが上司と飲むのであれば、部下としての自分をアピールする絶好のチャンスである。「部長、一杯行きましょう」の一言が、案外出世の一助となったりもするのだ。


かく言う私は人と飲みに行くのが好きなほうだが、何でもかんでも誘われれば行っていたという訳ではない。むしろ病弱な妻や障害のある子どもがいたために、残業もせずにせっせと家に帰っていた時期が長く、誘われても断るほうが多かった。

だからこそ酒の席は有効に使っていたような気がしている。私が誘えば部下は喜んでついて来てくれたし、３、４回誘われては１回付き合う私を、同僚や上司はよく飽きもせず誘ってくれたものだ。そのことが有り難かったし、そんなことでも自然と他人と自分との距離を測ることができていたと思う。

それで思い出したが、まだ私が平社員だった頃、毎晩のように部下を誘って飲みに行く上司がいた。その人は単身赴任中で、一人で食事をするのが嫌だったのだ。しかしそれに毎回付き合ってもいられない。だから私はここでも何回かに1回付き合う程度にしていた。そんな私に対しては、その上司も毎日のように声をかけることはなかった。

やたらと人を誘う人というのは、ちゃんと誘いやすい人を選んでいるものだ。誘うと嫌がる相手にはそうと分かればもう声をかけないし、誘うと断れない人間にはこれとばかりに何度も声をかけてくる。だから「あいつは断らない」と思われないように、適度に断ることも必要である。

つまり酒の席にはちょうどいい頻度というものがあり、それは当然ながら人によって異なる。そのことをお互いが理解していれば、「誘い誘われ、ふりふられ」が穏便にできるようになる。それが会社員の処世術というものではないだろうか。

ただし、誘われたら決して断ってはならない席がある。

会社の部長や役員たちをよく観てみるといい。彼らにとって「会食」は日常茶飯事である。クライアントの接待、役員同士の密談、業界のキーマンとの会食、銀行との付き合い……。そこになぜ飲食が介在しなければならないのかといえば、それがビジネスに有利に働くからである。そしてまた、そういう席では相手の人柄が見えてきて、お互いに信頼感が生まれ、腹を割った話ができる可能性があるからである。

「ビジネスライク」という言葉があるが、案外、その範疇から少しばかり離れた場所でビジネスが動くということが往々にしてあるのも事実である。

礼儀正しさに勝る攻撃はない

この言葉は、私が若かった頃に座右の書としていたキングスレイ・ウォードの『ビジネスマンの父より息子への30通の手紙』からの引用である。

その本の中で、父は最愛の息子に、こう語りかけている。

「人が身につける特質のなかで、第一に威力を持つのは、もちろん知識だが、第二は正しいマナーである。私の見るところ、実業界に入るこの種の準備を半分しかしない人が非常に多い。礼儀の正しさは昇進に大きな影響を及ぼす。ところが、それを注意すべき、あるいは改善すべきものとして真剣に考える人はめったにいない」

私はこの教えを、常に肝に銘じてきた。礼儀正しい人というのは、誰から見ても気持ちがいいものだ。そして相手に安心感を与える。自分が上司であれば、なるべくなら礼儀正しい部下を取引先に連れて行き、相手に良い印象を与えようとするだろう。礼儀正しさは、自分を助けるだけでなく、周囲を助けることもできるのだ。

「礼儀正しい」という一語には、実にさまざまな行為が含まれている。人と会ったらきちんと挨拶《あいさつ》をする。嘘をつかない。ビジネスに相応しい服装をする。相手の目を見て話をする。約束は守る。そうすることが、いかに仕事を円滑に進める潤滑油になっているか、一度現場で確かめてみるといい。自分自身もビジネスの相手を、そのような視点で判断しているということを再認識することになるだろう。

しかし礼儀正しくあることは、シンプルだけれど難しい。たとえば謙虚であること、間違いを素直に認めること、気遣いを忘れないこと、欲張らないこと……分かっていても、なかなかできないことは多いものだ。

ウォードが注意を促しているのは「人の話をさえぎること」だ。これは話し方の癖であって、多くの人がそれでイメージを落としているという。話を途中で遮られた相手に「この人は私の考えに興味がなく、それを尊重するつもりもない」と受け取られても仕方がない行為なのだ。

同様に、話題が「私」に限られている人間も、自己中心的で他人に興味がないことの証左となるから気をつけることだ。

また、馬鹿丁寧なメールにも要注意だ。礼儀正しくしようとするあまり、人の3倍もの長さのメールを送ってくる人がいる。いくら私が「忙しいから簡潔な文章で頼む」と伝えても、定型の文章が続いてなかなか本題にたどり着かない。その割に資料がほしいと頼んだときに添付してくるパワーポイントは、明らかに使い回しである。せめて要点だけを抜き取って渡してくれれば助かるのだが……。結局その人は、馬鹿丁寧だが手抜きをしている。それが相手に見えてしまえば失礼に当たるし、仕事ができる人間とは思われないだろう。

表面的な礼儀正しさは、慇懃《いんぎん》無礼と受け取られてかえって印象を悪くするから要注意である。

慌てるシーンを極力つくらない

私が営業課長に赴任したばかりの夏の朝のことだ。部長が9時15分頃にふうふう言いながら出勤してきて、上着をハンガーにかけ冷たい水を飲もうとしていた。そこに隣の課長が「部長、ちょっと大事な話がありまして、お時間をください」と言ってきた。

「まずいな」と思った。部長は9時半から重要な会議が控えていたのだ。案の定、部長は「ダメだ、会議が始まる」と断ったが、課長は「実は10時に大手の得意先が来ることになっていて、今後の取引条件の返事をしなくてはならないんです」と泣きついたのだ。

部長は不機嫌そうに「3分で話をしろ」と言った。怒るのは当然だ。そんなに大事な交渉なら、前日には部長の了解を取っておくべきだ。しかも部長にとって重要な会議が控えていることなど、簡単に分かるのだから。

上司のスケジュールばかりではなく、会社はさまざまなスケジュールで動いている。この時期にはこういう仕事が入ってくる、納品の締切りはいついつだ、コンペの準備期間は今から2週間である。こういう予定の分かっている仕事は、1週間の余裕を持って進めておけば慌てないで済み、いいものが用意できる。できあがったものを数日寝かせて見直すこともできるし、そうやってミスを防ぐことができるのである。

スケジュールの確認を怠ると、重要なタイミングを逃しかねない。かつて私の部下に海外留学を申請していた女性がいて、直属の上司がその手続きをうっかり忘れて間に合わなかったということがあった。彼女はその留学に賭《か》けていたので、泣いて悔しがり、その部長に辞表を叩《たた》きつけた。ただのんびりしていたというだけの理由で、取り返しがつかないということもあるのだ。仕事で失敗をしたくなければ、慌てるシーンをなるべくつくらないよう、先手先手を打つことである。

重要な日を逃さないためのスケジュール管理術を身につけよ

私は常に手帳を2年分持ち歩いていた。なぜなら、会社では年度ごとに繰り返し同じことが行われているからだ。予算案提出、来期の人事、株主総会、事業の見直し、昨年の予定表を見れば、今年もだいたいこの頃にこういうことが起こるだろうというのが予測できる。

そして机には2カ月分の卓上カレンダーを置いてあった。中期的な行動予定や、ある案件の進捗《しんちょく》が一覧できるというのは、進行管理にとても便利なのだ。

1～2カ月分の予定を毎日見ることによって残された時間や必要な行動を体感でき、自然と仕事の段取りを意識することができた。そのおかげで、大きなイベントや重要な報告書の締切りの前には、できるだけ他の予定を入れないでそのための時間をといったスケジュール調整が可能になった。

この方法をとってきたのは、時間を「予算」として捉《とら》えていたからだ。

たとえば重要な企画書を1週間で作らなければならないとする。その間、会議や出張などの予定があって自分が使える時間は約10時間、とカレンダーを眺めながらざっと見積もってみる。

しかし、「10時間あれば大丈夫」と考えるのは間違いである。真に使える時間はその3割程度の3時間そこそこと考えるべきだ。なぜなら会社では突然の来客、上司からの呼び出し、社内外からの電話などで、使える時間がどんどん消えていくからだ。

そこで私は、絶対に完成しなくてはならない仕事が控えている場合には、自分のスケジュールに「自分へのアポイント」を入れて時間を確保していた。そしてその時間には会議室へこもるなり喫茶店に行くなりして、確実にその仕事に充てていた。

大切といえば、私は手帳に上司や部下の誕生日も必ず書いておき、その日には「おめでとう」と声をかけるようにしていた。小さなことだが、とても喜んでもらえたものだ。

話は逸れるが、あの田中角栄《たなかかくえい》元総理はそういうところが非常にマメで、ゴルフのキャディーの名前まで覚えていて、気さくに話しかけていたと聞いたことがある。もちろん、会った人すべての名前など覚えられるはずがない。おそらくはフロントで先に聞いていたのではないだろうか。小さな気遣いだが、総理大臣になってもこれができたのなら、すごいことである。

こういうマメさこそが周囲の人をみな自分のファンにしてしまう人心掌握の「天才」たる所以であろう。

重要な日を逃さないために、手帳ほどビジネスマンにとって役に立つ道具はない。どうか最大限に活用して、チャンスを射止めて欲しい。

話の長い人は「時間泥棒」と嫌われる

このところ、あちこちで講演することが多くなった。講演先でしばしば起こるのが、私が話し始める前の社長挨拶などで、私の講演時間が押されてしまうことだ。

私は、どんなに押しても予定時間ぴったりに終わることにしている。超過してもせいぜい3分というところだろう。

先日、九州で行ったある講演では、午後6時から7時までの1時間が私の持ち時間という約束で、8時には帰りの飛行機を予約してあった。その会社に到着すると担当者がやってきて「佐々木さんのお話の前に、うちのトップが挨拶したいと申しておりますので、10分ほどお時間をください」と言う。「分かりました、では私は50分でやりましょう」と答えた。

ところがその社長は、なんと25分も話し続けた。それでも私は時間ぴったりの7時で切り上げ、飛行機の時間があるからと言って失礼した。

社員からは「社長の話なんかいつでも聞けるのに」と相当文句が出たそうである。

その講演のファシリテーターを務めた人と、次のワークショップの打合せをしながら昼食を食べていると、その彼がこう言ってきた。

「私も自分が話そうと思っていることは、全部話しきらないと落ち着かないんです。だからつい話が長くなっちゃうんですよね。どうすればいいでしょう？」

「時間が来たら止めるようにしたらいいんだよ、それだけの話だ。そのほうが相手も喜ぶんだから」

それがビジネスの場である限り、話は短いほうがいいと私は確信している。短時間で済ませると、相手は基本的に有り難いと思うものだ。その分自分の時間が確保できるからである。

ところが簡潔に話せる人というのをなかなか見かけない。たいていの人は「ついつい延びてしまう」のである。

たとえば営業で来た人が、いかに自社の商品が素晴らしいかを伝えようとするあまり、約束の時間を超過しても話を止めてくれなくて困ったということはないだろうか。こちらが話を聞きたいと頼んだ訳でもないのに「10分でいいから」と言って30分しゃべり続ける。これでは相手を怒らせても仕方ない。

つまるところ、ダラダラと話が長くなる人は自分の立場優先で話しているのである。そうやって相手の立場にも立たず、相手の時間を奪っているということに気がついていないのだ。

私は急ぎ上司に話を聞いてほしいことができたら、「2～3分で切り上げます」と言って時間をもらうようにしていた。2～3分なら相手の負担にならないが、ここぞとばかりにダラダラと話したりして「あいつは話が長いからな」と避けられるようになったら終わりである。

時間内で話を切り上げるのは、忙しい相手への配慮であり、相手に良い印象を与えるための戦略でもある。このことを理解していれば、話はさっさと切り上げようという意識が働くようになるのではないだろうか。

社内の噂にはふりまわされない、巻き込まれない

社内で耳に入ってくる噂にもいろいろある。「人事」の噂や「結婚」「妊娠」などはいずれ明らかになることだからまだいいが、「不倫」や「セクハラ」となるとデリケートな話であるだけに、取り扱いを間違うと人間関係にひびが入ったり、仕事に支障を来したり、昇進の道が途絶えたりしかねないから要注意である。

私は一度、あらぬ噂を立てられたことがある。大阪と東京で遠距離恋愛をしていた部下がいて、女性のほうから相談を受けて二、三度喫茶店で話をした。そのうちの2回を

目撃した部下がいたのである。私と彼女の不倫などまったくの事実無根なので放っておいたが、それなりに不快な思いをしたし、面倒なことになってほしくないなと心配もさせられた。幸いにも1年後にその二人が結婚することになり、私も結婚式に呼ばれたおかげで身の潔白を証明することができた。噂を流した部下は、すっかり信用を落とすことになったわけだ。

噂というものは、半分本当で半分は嘘である。自分の耳に入ってきた「衝撃的な話」を、人は誰かに話したくなるものだ。仮に事実だったとしても、それをつい面白おかしく脚色したり、事実以上に誇張したりしてしまう者も多い。口伝えに尾ひれがついて嘘が膨らんでいく。だからそういった類の話をすぐに真に受けるべきではない。

「不倫」に関しての私のスタンスは、基本的に「不干渉」と決めていた。なぜなら、あくまで当人同士の問題であって、会社の問題ではない。二人とも大人の男女なのだし、自分の家庭を壊したり会社の業務に不利益を生じさせたりしていないのなら、下手に口を出す必要はないだろう。

むしろ注意が必要なのは、噂話をする側の人間である。自分が見聞きした不確実な話を安易に誰かに話したりするべきではないし、自分に噂話をしてきた人にもそれ以上他人に言いふらさないようたしなめるべきだろう。もし事実無根のデマだったとしたら、噂を流した人間は加害者である。

それに、もし自分が誰かに話したことが噂を立てられた本人の耳に入ったとしたら、相手は傷つき、信頼関係は崩れ去るだろう。

ところが「セクハラ」となると、少し話が違ってくる。放っておくと女性のほうが訴えるという行動に出たりして、話がおおごとになるかもしれないからだ。そうなっては仕事にも支障が出てくる。噂の当事者が自分の直属の上司や部下だというのなら、見て見ぬふりとはいかないだろう。

　第一に考えるべきは、女性の心情である。男性の上司にセクハラのつもりがあろうとなかろうと、その女性が不快に感じるのなら、それはセクハラである。まずそこを理解しなくてはならない。

　セクハラとは微妙なもので、たとえ同じ行動をとったとしても、そこに共感のある関係であれば許されることが、そうでない相手ならば許されないということが起こる。「髪を切った？」と言っただけでセクハラと言われ、納得できないなどという人もいるが、それ以前の二人にどのような経緯があったかは、二人にしか分からない。

　このような事態に直面してしまったら、覚悟を決めて男性の当事者に女性が抱いている不快感のことを教えてあげるべきだろう。女性の味方をするのではなく、男性側の立場を思ってのことだと丁寧に説明するといい。そしてくれぐれも女性のことを告げ口するような言い方をしないことである。その女性が今度はパワハラを受けてしまうことになりかねないからだ。

第4章　私が見てきた出世

誰が社長になる人物かは「時」が決める

出世を決める決定的で、最終的な要因とは何だろうか。

もちろん人事権を握るのは上に立つ者である。役員になるところまでは、「人」が最終的な要因であると言えるだろう。

だが、社長となるとそうはいかない。次期社長を決めるのも、確かに現職の社長ではあるが、彼らでさえ必ずしも自分が気に入った人間を選べるわけではない。会社のトップの座に誰が座るべきなのかを最後の最後に決定づけるのは、唯一、「時」である。

かつて東レには「中興の祖」といわれた前田勝之助というカリスマ社長がいた。経団連副会長を務め、日本経済新聞の「私の履歴書」にも名を連ねた人物だ。私にさまざまな仕事を経験させ育ててくれた人でもある。

前田さんは役員の末席から、14人をごぼう抜きにして社長に就任し、世間をあっと言わせた。当時の東レは経営が非常に厳しく、大手術を避けて通れない状況にあった。その大任を任せられる人材として白羽の矢が立ったのだ。

前田さんは炭素繊維の「トレカ」や、絹のような風合いの合成繊維「シルック」など、のちの東レを牽引《けんいん》する素材の開発・事業化を成功させた技術畑の生え抜きであり、１９８５年のプラザ合意によって急激な円高が進行した際には、赤字を余儀なくされた東レの繊維事業を２年で黒字化するなどの華々しい実績があった。気性が激しく、自分に従わない人を嫌い、いつも取り巻きを引き連れるというそんな御山の大将タイプであった。

前田さんを自分の後任に選んだ当時の社長、伊藤昌壽《いとうよしかず》さんもある種のカリスマ性があった。有名な遊び人で、夕方5時半には会社を出て、やれテニスだ麻雀だカラオケだと、自由奔放に行動していたようだ。そうしたことが許されるのも輝かしい成果があったからだ。この方も研究能力が抜群に高く、すぐれた研究成果をいくつも残していたり、革新的な生産体制を作られたり、社員のモチベーションを上げたりできる伝説の人だった。その実績が評価され、40代から一気に出世していった人物である。とにかく華やかなことで、人を驚かせる多才な人だった。

東レの窮状と、前任者がパフォーマンスの好きな社長だったこと。この2つのタイミングがぴたりと合って、サプライズ人事、前田社長が誕生したのではないだろうか。もちろん実力、功績ともに十分ではあるが、ごぼう抜きにされた役員の中にも負けず劣らず東レに貢献してきた実力者たちがいたのだ。その人たちに比べて前田さんが人物的に秀でていたかといえば、どうだろうか。自信家で剛腕な前田さんには敵も多かった。やはり「時」が味方したのである。

昔、不祥事を起こした大手商社で再建を任せられた社長が「愚直なまでに真面目に仕事を遂行すること、正直が第一」と必死になって社員に訴えていたのを思い出す。一企業が世の中から信用を失ったとき、何よりも求められるのは誠実な対応であって、決してすぐれた仕事力やスタンドプレーではない。もし東レが同じような状況であったのなら、前田さんが社長ではなかったのではないか。

時の運に左右された例には事欠かない。

ＪＡＬの再建を託され、「この会社に今必要なのは社員の意識改革とアメーバ経営だ」と主張し、見事に復活劇を成功させてみせた稲盛和夫《いなもりかずお》さんは、自身の後任に多くの人が次期社長だろうと予想していた人物を選ぶことはなかった。ＪＡＬには大変仕事のできる経営の実力者がいたが稲盛さんは、ずっとＪＡＬの保守本流を歩いてきた人間は、今このときには相応しくないという理由で、別な人物を選んだ。

稲盛さんが選んだのは、パイロット一筋でやってきた、誠実な人柄の植木《うえき》義晴《よしはる》さんだった。パイロットというのは高度なスキルを求められる業務ではあるが経営については素人といってもよかっただろう。しかし稲盛さんは、人望の厚い彼なら社員をひとつにまとめ上げ、誠意のある経営をしてくれると考えたのだ。

日本通運の社長を務めた川合《かわい》正矩《まさのり》さんと私は、ともに勉強会の「経営アカデミー」の同期生だった。経営アカデミーは東レ、三菱商事、東京電力、日本興業銀行（現みずほ銀行）など日本の産業界のリーダーたちが運営委員に名を連ねて創設された本格的なビジネススクールで、自動車ならトヨタ、鉄鋼なら新日鉄といった業界を代表する大企業から送り込まれた優秀な人々と切磋《せっさ》琢磨《たくま》できる楽しい場であった。

この勉強会を無事に終え、最後の懇親会で盛り上がった翌日、なんと川合さんが社長に大抜擢《ばってき》されたというニュースが飛び込んできた。これには勉強会の仲間もみな驚いていた。なぜなら川合さんは当時、専務でも副社長でもない、「平取」だったからだ。

このとき川合さんに味方したのは、当時の社長がたとえ平取であっても実力さえあれば抜擢しようという気概のある方だったことではないだろうか。

東レの前田さんは、ユニクロと組んで流通改革を果たし、低価格高品質なフリースを世に出して空前の大ヒットとなり、ヒートテックでも大当たりした。ユニクロの柳井正《やないただし》社長とは、初対面ですぐに意気投合したという。ＪＡＬの植木さんも日通の川合さんも、各人各様の功績を残している。

いかに世間をあっと言わせるサプライズ人事であっても、時にはまるとはそういうことなのだろう。

昇進の採点基準には、技術点と芸術点がある

人事を尽くして天命を待つという言葉がある。

役員になるところまでは、実力・実績・人柄でいかにポイントを稼ぐかの競争で、いくらでも人事の尽くしようがある。

ところが社長になるときばかりは、時に味方してもらわなければならない。

私はそこに、会社員としての天命というものを感じ、社長になれた、なれなかったという現実に対して、一種の潔さを持つきっかけが与えられるのだろうと考えている。

そうだとするなら、現役の会社員にできることは人事を尽くし、役員のキャスティングボートに名を連ねるところまで。あとは、じっと時が来るのを待つしかない。

そう言ってしまうと、「なんだ、最後は運任せか」と思われるかもしれないが、準備のできていない者に幸運は訪れない。リストに入るところまでの勝負を肝に銘じ、努力を怠らないことである。

前出の前田さんは、若い頃から社長を目指す野心家だった。経営会議でのプレゼンテーションなど、直接上層部にアピールできる場に臨むときには、時間をかけて周到に準備をし、言葉の一つひとつにまで気を遣ってアピールしていたことを思い出す。肝心なところで相手をハッとさせるような一言を発し、「あいつは分かってるな」「筋がいいな」と思わせるのがうまかった。

聞き手である社長の伊藤さんがまた、そういう一言に敏感に反応する人だった。前田さんはそれを分かってプレゼンしていたはずである。要するに的を射ることに長《た》けていたのだ。

キャスティングボートに名を連ねるには努力と技術が要るということについては第2章、第3章で書いたのでこのくらいにしておこう。

さて、私の手元に1枚の表がある。かっての東レの取締役会のメンバー表で、一番上には前田社長の名前。その下に3人の副社長の名が連なり、専務取締役、常務取締役……と続く。ひと世代遅れて入社した私が、ずっと目標として背中を見てきた花形たちがそこに名を連ねている。

彼らが入社した時代は、東大卒で財務省を蹴《け》って東レに入ってきたという人もいたくらい、東レにとって人材の宝庫、黄金の時代であった。こういう時代に入社した人たちは当然ながら競争が激しい。メンバー表に記されているのはほとんどが「3年も遅れたらお先真っ暗」という闘いを勝ち抜いてきた人たちの名である。

ちょっと思いついて、名前の横にそれぞれの人物像を書き出してみた。

「頭脳明晰《めいせき》」「博打《ばくち》うち」「社長命」「コツコツ真面目」「仕事人」「サラブレッド」「バラ

ンス型」「策士」……。

敢《あ》えて誇張して書いているが、我ながらなかなかうまい人物評である。あなたの会社にも、顔が思い浮かぶ人がいるのではないだろうか。それぞれが個性的であり、誰にも一長一短があって、本当の万能型など一人もいない。この表を眺めていると、つくづく「出世は技術点と芸術点だな」と思うのである。

スポーツの世界には、タイムや距離、高さといった絶対値で勝敗が決まる競技と、技術面と芸術面の2つの評価基準の合計点で勝負が決まる競技とがある。陸上や競泳などは前者であり、体操やシンクロナイズドスイミング、フィギュアスケートなどは後者である。私は会社員もこれだと思っている。

簡単に言うと、技術点というのは、「営業で右に出る者はいない」とか「画期的な研究をした」「経理をやらせたらすごい」という技術的な優秀さのことである。

一方の芸術点とは、「人柄がいい」「信頼できる」「ルックスがいい」「教養がある・知性がある」というような実務能力とは違う人間的な魅力のことである。

会社員が出世していくということは、この2つの得点の合計点が人より勝っているということである。

もちろん技術点で一定の線を超えていなければならないのは大前提だ。しかし、そこから先の勝負に挑むには、芸術点を磨いていかないと点を伸ばせない。どれほど図抜けた頭の持ち主で技術点を稼いでも、利己的に過ぎれば嫌われるし、品性に欠ければ社長の器とは認められないだろう。

余談になるが、個人的には日本の企業は会社員の評価基準として技術点の配分に重きを置きすぎるように感じている。「はじめに」でも書いたが、大企業の社長が品性を疑われるような失態をしでかしてしまうのも、技術点偏重のせいであるのは否めない。とはいえ、人柄優先で社長を選べるような現実でもあるまい。願わくは、もう少し経営を哲学できる芸術点の高い人物が経営者であってほしいものである。

話を戻そう。メンバー表に名を連ねる役員たちは、みなそれぞれの長所を磨き、それを武器にして加点を伸ばし、前田社長に認められた人物である。将棋盤の上の駒のように、金はここ、銀はここ、飛車角はここと、さまざまな個性が配置されている。もし、王将の位置にいる社長があの個性でなければ、この表から多くの名前が消えて別の名前が書き込まれていたはずだ。

技術点と芸術点。さらに社長との相性や時代の変化という要素が加わって、役員のボードが次々と書き換えられていく。ある意味、芸術的な営みである。

技術点とは二階建ての一階部分

まずは技術点から、具体的に考えていこう。

事務処理能力、タイム・マネジメント力、企画力、コミュニケーション力、現状把握力、計画性、リーダーシップ……。これらはすべて技術点である。

どんな会社でも求められる大事な能力ではあるが、人の上に立つにはこれらのすべてを満たしていなければならないというものでもない。

リーダーシップはあるが細かいことが苦手とか、マネジメント能力は高いが経営センスには乏しいというように、技術点の中でも凸凹があるのが普通で、オールラウンドプレーヤーというのはなかなかいないものだ。

文系の私に技術の開発能力を求められても無理な話で、それはできる者に任せればよい。そうやってそれぞれの強みを活《い》かし、足りない部分は補い合うのが組織というものだからだ。

日本の現役のビジネスマンの中でももっとも技術点の高い人物の一人として思い浮かぶのが、伊藤忠商事社長の岡藤正広《おかふじまさひろ》さんである。日本の商社が繊維事業に見切りをつけていく中、岡藤さん率いる伊藤忠は繊維カンパニーの利益を5倍に伸ばし、２０１６年3月期には純利益で初めての商社首位を達成して世間を驚かせた。またアジアの大財閥と組んで中国最大の国有企業に巨費を出資するという剛腕ぶりを見せたかと思えば、商社マンの重要な仕事とみなされてきた夜の飲み会は「建設的ではない」と、午前8時前に始業する社員にはインセンティブとして軽食と割増賃金を出す働き方改革を行ったりと、組織改革にもしっかり手を打つ。

その岡藤さんとの交流を、タイの超巨大企業チャロン・ポカパンの会長タニン・チャラワノン氏が日本経済新聞の「私の履歴書」に紹介していて大変興味深く読んだ。岡藤さんの経歴に興味を持ったチャラワノン氏は、昼食会の約束を取り付けると、自家用ジェットで東京までやってきた。そして岡藤さんと握手をした瞬間、「この人となら組める」という直感を抱いたという。

初対面でいきなり「伊藤忠本社の株を1割持たせてほしい」と申し出たチャラワノン氏に、岡藤さんは「伊藤忠もそちらに出資し、しっかり手を組んでいくのなら検討する」と返答した。初対面でビジネスの話ができる日本商社のトップは初めてだとチャラワノン氏は高く評価している。

こうした岡藤さんを「異能の経営者」と言う人もいる。しかしご本人はそう呼ばれることに違和感を抱き、次のように自己分析している。

「僕は自分でやり方を考えた後、課題などについて周囲に相談する。それで間違いがないとなれば、そろりそろりとやる。一気にはやらない。そしてその結果を検証していく。ただし考えたことをやり通し、社員に徹底させるためには、実行力やリーダーシップが必要。そこは僕の強みかもしれない」

伊藤忠商事では任期6年とされている社長職をさらに延長して続投する背景には、細心の注意を払って大きな決断をしてきた膨大な積み重ね、そしてそれによって得られた揺るがない自信があるのだろう。

会社員の評価を二階建ての家に見立てると、技術点は基礎から一階部分に当たる基礎的な評価基準である。ここがしっかりしていない家は脆《もろ》い。頑丈な一階部分は、目指す地位に到達するための強力な土台となり、どんな暴風雨にも耐えて立ち続けるだけの支えとなる。それが大きな自信となって、上を目指す勇気を与えてくれるだろう。

技術点の伸ばし方については、『部下を定時に帰す仕事術』（WAVE出版）などの私の著書が参考になると思う。一流の先達たちも多くのヒントを残している。それに学ぶ謙虚さと熱心さを持って、研鑽《けんさん》を積んでいただきたい。

芸術点とは組織の中で光る「人としての魅力」である

家柄がいい、容姿がいい、スポーツマンである、人に好かれる、高学歴である……。芸術点とは、その人が持って生まれた長所、技術点以外の付加価値である。

大学時代に体育会に所属していた学生が企業に人気なのは、上下関係が身についていることや、多少のことではへこたれない体力と根性が期待されてのことだ。これも芸術点である。

社長に気に入られている、そつがない、誠実だ、お世辞がうまい、酒が強い、勉強家だなどというものも芸術点だ。要するに、それが武器にできるのなら、会社員にとっての芸術点となる。

私が現役だった頃を思い出すと、東レには家柄のいい人たちが結構多かった。たいていは好人物で学生時代からスポーツに打ち込み、ゴルフもかなりの腕前。身のこなしがスマートで、ガツガツしたところがない。彼らには不思議とそこにいるだけで目立つ明るさや華やかさがあり、育ちというのは黙っていても表れるものなのだなと感心した記憶がある。

多くはそれなりの地位までは得ていたように思う。中にはコネの力が働いたこともあったのかもしれないが、それだって立派な芸術点である。

しかし、それが決定打になるというものでもない。育ちの良さによる優しさと、人を越えて前に進もうという貪欲《どんよく》さの欠如はコインの表と裏のようなものである。経営を任せるからには、心を鬼にする場面や、泥臭い立ち回りが求められる場面もある。芸術点という飛び道具だけでどうにかなるというものではないということだ。

繊維メーカーの東レでは、技術系の人材が社長になることが通例で、社長になるためには、やはりそれ相応の実績が求められる。前出の前田さんも伊藤さんも、過去に偉大なる研究・開発の実績があったことは書いた通りだ。メーカーは概して技術点に重きを置く業界といえる。

反対に芸術点の配分が他業種よりも大きい業界もある。広告代理店やメディア関係、クリエイティブな業界などはコミュニケーション能力が高く評価されるだろう。

また、会社が難しい局面にあるときには技術点が高く突破力がある辣腕《らつわん》社長が求められ、いい時代で会社がうまくいっているときには、社会へのアピール力を求めて芸術点が重視されるということもあるだろう。要するに適材適所を考えるときには、芸術点が選考基準に入ってくるのである。

芸術点を伸ばすということは、引っ込み思案の人が人前でも話せるようになろうと努力するのとは違う。自分の強みをさらに磨いて武器にしていくということである。そのためには、自分の長所を正しく理解する必要がある。人に教えるのが得意なら、部下をしっかり育てておけば、将来大きな力になってくれるだろう。人に好かれるタイプなら、日頃から他部署の人とも言葉を交わし、社内の風通しを良くしておくのもいいだろう。他の人には苦痛であることも自分なら厭《いと》わずできるというのは、その人の強い芸術点である。他人から感謝され、自分の自信につながっていくものを探そう。

芸術点は、一階部分の技術点に積み上げられる二階部分と考えると分かりやすい。一階がしっかりしていない家に重たい二階部分を載せても耐えられないように、一階部分の脆弱《ぜいじゃく》な会社員がいくら芸術点を磨いても、中身が伴わないと評価はされない。しかし、どんなに一階部分が強固でも、二階がなければ見えない景色があるのだ。

頭脳明晰、辣腕だが、敵を作りやすい。仕事のスピードは速くないが、確実で人望もある。バランス型で人柄もいいが、突出したところがない。この誰もが社長になる可能性はある。誰がなるかは時が決めるのだとしても、その可能性を信じて芸術点を磨こう。

出世の道は直線ではない

出世の登山口はひとつではない。大学新卒で就職する人もいれば、転職してくる人、アルバイトや契約社員から正社員に登用される人もいる。

たとえ同じ登山口から登り始めたとしても、辿《たど》る道のりはみな違う。エリートコースをまっしぐらという人もいれば、ずいぶんと回り道をする人もいる。隣の山まで行ってから戻って来る人、あるいは隣の山のほうが元いた山よりも高かったという人もいる。

2010年に東レの会長職を退いて相談役に就任した下村《しもむら》彬一《あきかず》さんは、私の尊敬する先輩の一人である。学歴も家柄も頭の良さも折り紙付きで、さぞかし頑丈な造りの、見晴らしのよい二階建てだろうと思うかもしれないが、会長までの道のりは決して一本道ではなかった。常務取締役まで順調に進んだところで、子会社の東レ建設に「回り道」をすることになったのである。今だからこそ回り道と言えるが、当時は要するにトップの選に漏れたというのが周囲の見方であった。本人にとっても復路のない一本道に思われたのではないかと思う。

しかし下村さんは、行った先で大きな業績を挙げた。当時はバブル崩壊後で、東レ建設は業績が落ち込んでいた。下村さんの動きは素早く、膨れあがった在庫を半値で売ると決め、実際に売り切ってしまったのだ。周囲は「なんて売り方をするのだ」とあっけにとられていたが、市場価格はまだ下がり続けていた。売れるときに売っておかないと大変なことになるという読みは正しく、半値で売れたのは大成功だったのだ。

それを足がかりに東レ建設は業績を戻していった。下村さんが東レ建設にいたのはわずか1年。まさに電光石火の仕事であった。その後、東レエンジニアリングへと移り、ある会社とのM＆Aを成功させたところで前田社長は下村さんを東レに呼び戻した。そして後年会長の座まで上りつめたのだ。

私が記した取締役会のメンバー表の人物評で、下村さんの名前の横に私が書いたのは「博打うち」である。真面目で温厚そうな顔だちからは想像できないが、下村さんを勝ち残らせたのは、家柄や頭脳よりも、土壇場で一か八かの勝負をかけられる度胸であったろう。

似たような境遇で、違う形の勝利をおさめた方と先日対談をする機会を得た。この方も日本を代表するメーカーの子会社の社長である。ご多分に漏れず、彼もずっと本社で社長になるだろうと言われていたが、当時の社長と合わなくて左遷されたのだという。飛ばされた先は、関連企業の中でも少々問題のある会社であった。

しかし彼は「なにクソ」と思える人だった。「この会社でやってみせる」と発奮して、その会社の利益を倍増どころか、10倍近くにまで増やしたのだ。この人はその後本社に呼び戻されることはなかったのだが、会社の規定にあった社長の年齢制限を5年も延長して活躍したという。

対談は彼のオフィスで行われたが、元々がエンジニアというだけあって、寝泊まりできるほどの大きな部屋に工具をずらりと並べ、今は発明に余念がない様子である。結果として、本社のトップになるよりも子会社の社長になられて幸せだったのではないかと思う、いい笑顔をされていた。

レースを中断しなければならない人へ

「一身上の都合」はいつ、どんな形でやってくるかは誰にも分からない。私の場合、自閉症である長男を含む3人の子を、二人三脚で助け合って育てていくはずだった妻が病で倒れたことがそれに当たる。

出世を志し、努力を重ねて必死にがんばってきたとしても、親の介護、自身の病気など、ある日突然予期せぬ問題が生じて、泣く泣くレースを断念しなければならなくなることはある。あるいは会社の倒産や合併を経験したり、出世競争に敗れたり、左遷人事でもはやここまでという心境になることもあるだろう。

しかし、万が一そのような事態に見舞われるとしても、そこまで出世を目指してがんばったことは決して無駄にはならない。それだけの努力をし、積み上げてきた経験や実績は、必ずいろんな形で恩恵を与えてくれるものである。たとえそれが、自分が追い求めてきたものとは違う形であったとしてもだ。

たとえばそれは、自分の活躍する姿を見てきた同僚や後輩といった仲間たち。そして積み重ねてきた実績への信頼といった無形の財産として残される。

大手設計会社の子会社でファシリティマネジメント会社の経営を任されていた知人は、大変誠実な人柄で社員から愛され、クライアントからの信頼も厚かった。しかしリーマンショックの影響が深刻になるにつれ、顧客企業は次々とコストカットを始め、ファシリティマネジメントは格好の対象となった。得意先を回り、新規顧客の獲得も目指して必死の営業を続けたが売り上げは激減。親会社からの支援も得られず、持ちこたえることができなかった。会社は倒産。憔悴《しょうすい》しながらも最後の仕事として社員の再就職先を探して走り回り、全員の行き先を見つけたということは風の便りに聞いていた。

しばらくしてその知人から電話があり、受話器から元気そうな声が聞こえてきた。かつての会社の同僚から「起業するから一緒にやらないか」と誘われたのだという。一級建築士の資格を持ち、経営者としての経験も十分な彼と、システム設計のプロで業界でも名の知られたエンジニアである同僚とのコンビは、実力、経験、信頼の三拍子が揃っていた。かつての顧客からの依頼も少なくないという。シェアオフィスの小さなスペースから始め、今は着実に業績を伸ばし、近く社員を雇用する予定だ。

たとえレースの途中で諦《あきら》めなければならなかったとしても、何も目指さなかった自分よりは目標に近づくことはできたはずである。それは「出世しよう」という野心なり志を持ち、目標を立てて努力を積み重ねていなければ行き着けなかった場所ではなかっただろうか。社長になれなくても役員になれた、役員になれなくても部長までは行けたという事実は、自分にとっても家族にとっても経済的にも精神的にもプラスになったはずである。

自己実現の喜び、仲間との信頼、経済的見返り。出世から得られるものは大きい。努力がまったく無駄になるということは決してない。だから失敗を恐れないでもらいたい。

ここでは無理と分かったら
ニッチを見つけてみるのも手

どうしても目標を断念しなくてはならなくなったとき。私はその時こそ、出世レースから降りる前に「転職」を検討してみるべきだと考えている。

東レは合成繊維や合成樹脂といった化学製品を扱う企業である。近年、人工腎臓やコンタクトレンズなどのライフサイエンス事業にも参入してはいるが、まだまだ大手製薬会社や医療機器メーカーなどに比べ規模が小さい。将来性は十分にあるが、社内には人材が少ないという状況にある。

そんな東レに、ある製薬大手から転職してきた人物がいた。彼は東レに移ってすぐに医薬医療事業の本部長に就任した。確かに当時東レの中で、彼の知識にかなう者はいなかった。

医薬系の知識・経験ともに豊かな人材がひしめく元の会社では、あるいは本部長の席は期待できなかったのかもしれない。もしそうだったとすれば、彼は東レに来ることで本部長になり、さらに役員にもなったのだから、医薬医療ニッチを狙った彼の転職は大成功だったといえる。

私は先述した通り、安易な転職には反対である。今いる場所でもっとがんばるべき人が、ちょっとした理由で逃げ場として転職を選ぶというケースが多いからだ。そのような転職をして待遇や収入が上がったという人を私はほとんど知らない。

「特に大企業で働く45歳以上の人は、今の値付けが最高と思ったほうがいい」

と、友人でカリスマヘッドハンターとして知られる古田《ふるた》英明《ひであき》氏（縄文アソシエイツ代表取締役）も言っている。

しかし十分な実力があるにもかかわらず、上の人材が詰まっていて昇進の席がふさがっているなど、どんなにがんばっても出世する可能性がないことが明らかなのであれば、自分の専門知識を必要としている新天地に飛び出すことはひとつの選択であろう。

私が現役だった頃の日本企業――特に一流の上場企業――は中途採用者をほとんど受け入れていなかった。新卒採用で一から育て上げてきた人間以外には、出世の道は閉ざされていたのだ。しかし今は、いかなる大企業でも中途採用者を受け入れ始めている。雇用面では比較的保守的体質といえる東レでさえ、そうなっている。

さらにこれからは、企業は女性の活用を進める必要性に迫られる。「5年後には数十名の女性管理職を誕生させよう」などという計画は、あちこちの企業で立てられていることだろう。リクルート社で課長として働いていた知り合いの女性は、ある大企業に転職して部長になった。女性管理職を求人している会社にアンテナを張っておくこともおすすめしたい。女性にはチャンス到来の時代である。

不遇な人の中にも、優秀な人材はたくさんいる。一流企業に入ったはいいが、うまく活用されずに埋もれている人たちを、別な場所で十分に活用するというのは理に適《かな》っている。

古田氏の縄文アソシエイツは、年収2000万以上のエグゼクティブをターゲットにしたヘッドハンティングの会社である。彼の会社を含め、日本では世界に通用するヘッドハンティング会社は数社しかないという。玉石混淆《こんこう》の業界だと理解したうえで、自己評価だけで身売りを判断するのではなく、あくまでも信頼できる専門機関に相談して客観的な評価を受けてみるのは一考に値する。

起業という選択肢について考えてみる

会社員の身の振り方を考えるとき、「転職」と同時に「起業」というのもひとつの選択肢として挙げられるだろう。

しかしこの選択には、転職以上の勝算が必要だ。なぜなら会社員と違い、自分の資金を投入し、そのリスクを個人で負わなければならないからだ。人を雇えばその人と家族の生活を守る責任も負うことになる。決して今の人間関係が大変だからとか、いつまでも上司に頭を下げるのはいやだ、というような現実逃避的な理由からの選択であってはいけない。

　また、何かしたいことがあっての起業ならともかく、起業することや社長になることが目的であってはうまくいくまい。

　少なくとも、自分がこれまで培ってきた経験と知識が生かせるビジネスで勝負するべきだろう。脱サラをしてコンビニのフランチャイズ経営に挑戦し、長続きせずに終わっていくという話はよく聞くが、どこでも同じようなサービスを提供しているからこそ、近隣のライバル店に勝てるだけのノウハウやアイディアが求められるのである。マニュアル通りにやっていれば商売が成り立つという甘いものではないということだ。

　私が理想的な起業と考えるのは、インターネットを介した生命保険の販売会社であるライフネット生命保険会長兼ＣＥＯの出口治明《でぐちはるあき》さんである。日本生命保険で活躍をされ、58歳で同社を退社して、当時は誰もやっていなかったネット生保を立ち上げたのだ。自身の生命保険という熟知したフィールドで、ＩＴを活用した商品を扱うために岩瀬大輔《いわせだいすけ》さんという若き盟友と組み二人三脚で臨んだのは、戦略と勝算があってのことである。

その出口さんが言っているのは、50代こそは会社を飛び出して、ベンチャーを起こすよい時期であるということだ。なぜなら、50代は知識、技能、経験などを蓄えた分別ざかりの年代である。その一方で、会社員としての先が見え、このまま会社にいれば、収入や退職金はこれくらい、子どもにはどれくらいお金がかかるなどといったように、人生のさまざまな局面で見極めがついてくる時期でもある。そんな時期だからこそ、自己マネジメントやリスク管理がしやすいというのだ。

実際に会社を飛び出すかどうかは別として、そのくらいの気概をもって50代という会社員の終盤戦を生きようとする姿勢には共感を覚える。

50代はまだまだ気力も体力もある。最近は退職年齢が延びて60歳で退職という人は減ってきたとはいえ、その先を出世競争のステージで闘えるものでもない。しかし50代で燃え尽きるには、その先が長すぎる。

そう考えると、子育ても終わり、夫婦がお互いの時間や生きがいを尊重できるようになっているのであれば、起業するというのもひとつの選択であるように思える。

日本地図をつくった伊能忠敬《いのうただたか》は、若い頃からの数術好きが昂《こう》じて50歳のときに31歳の天文学者に弟子入りし、55歳で日本全国測量の旅に出た。そして73歳で生涯を閉じるまで測量の旅を続けた。研究の世界に身を投じるまでの忠敬は、利根《とね》川の水運を利用して酒や醤油《しょうゆ》の醸造、運送業などを幅広く手がける豪商であった。伊能家をここまでにしたのも、婿入りした忠敬の業績であったという。

技能、知力、気力、体力が充実している50代の生き方のひとつの理想型である。

カルロス・ゴーン氏へバトンを渡した会社員の「上がり方」

最後にあなたが社長になった時に思い出してほしいことを書いておこう。

会長と社長の確執が会社をいい方向に向かわせることはあまりない。東芝の西田《にしだ》会長と佐々木《ささき》社長、大塚家具の父と娘、クックパッドの創業者と社長など、次々起こる対立劇を見るにつけ、会社員として成功した人間がその場を去ることの難しさを実感する。

セブン&アイ・ホールディングスの鈴木《すずき》敏文《としふみ》会長もまた、社長や役員との対立によって辞職することになった。力があればあるほど、身の引き際は難しいものなのだろう。

しかし、本来であれば、会社にとって最善の解決策を見つけるのが社長や会長の役目である。それがたとえ自分が身を引くという結果だったとしても。

それで思い出すのが、カルロス・ゴーン氏を日本に連れてきた人物のことである。元日産自動車社長、塙義一《はなわよしかず》さんは、96年に社長に就任、99年にルノーと日産・ルノー連合を実現させ、ＣＥＯの座をゴーン氏に託した。

21世紀を迎える直前、世界の自動車メーカーは大きな試練を迎えていた。国際社会での競争が激化し、環境問題や安全への要求も高まっていた。それらに対応するには、高い技術開発能力と莫大《ばくだい》な開発費用が求められる。

そのような流れの中で、世界中の自動車メーカーが規模拡大を目指し、提携相手を探していた。ダイムラーとクライスラーが合併し、フォードがボルボとジャガーを傘下に収める。ＧＭはスズキ、富士重工、いすゞの抱え込みにかかり、トヨタはダイハツ、日野を子会社化するといった具合だ。

当時2兆円もの膨大な有利子負債を抱えていた日産は、相手探しに難航していた。塙さんがこだわっていたのが「合併」ではなく「提携」だった。合併では、両社の良さが活かされず、どちらかが引っ込む形になると考えていたからだ。

仏ルノーから提携の申し入れがあり、ルイ・シュバイツァー会長と初めて会ったとき、塙さんはとてもいい印象を抱いたという。だがその一方で、他の相手探しも続けていた。しかしダイムラー・クライスラー（当時）と破談し、米フォードとの交渉も決裂。折しもメインバンクから支援を断られ、瀬戸際に追い込まれた塙さんは最終決断をし、パリに飛んだ。

日産自動車と仏ルノーの提携は「負け組連合」と揶揄《やゆ》されたが、真実はそうではなかったと、塙さんは後に語っている。早い段階でルノーを本命と考えたうえでギリギリまで熟考していたのだ。

塙さんが求めていたのは合併相手ではなく、あくまでも対等な提携関係が結べる相手。

ルノーのルイ・シュバイツァー会長も、対等で互いのアイデンティティーを大事にしながら一体感を持つ関係を求めていた。日産とルノーは非常に相性のいい会社同士だったのだ。社内外でも異論の多い提携話であったが、塙さんはそこに賭《か》けたのだった。

提携企業は決まったものの、当時の日産に宿題として残っていたのが企業改革である。日産は当時人気を集めていたＲＶ車やシティータイプのおしゃれな車の市場で出遅れ、「日産はダサい」などと言われていた。海外事業では米国で大赤字を出すなど大きな損失を出していた。この現状の原因はどこにあるのか。塙さんと当時の副社長たちは、ルノーとの提携が決まる以前から、徹底的に自己分析を行っていた。出した結論は「トップマネジメントの拙《つたな》さ」であった。

顧客ではなく、ライバル企業を見ることで起こった商品力の低下。海外事業の経営を現地に任せっきりにしていた本社の甘さ。金融ビッグバンが引き起こした経営手法の変化に対応できていなかったこと。これらはすべて、マネジメントさえ良くなれば解消できる問題であると分析していた。

塙さんが国際連携にこだわったのは、相手企業のマネジメントのいい部分を取り入れられると考えたからだったのだ。


日産とルノーの連携は、ルノーのデザイン性や財務戦略、日産の開発力や生産技術、異なる海外進出先など、お互いが補完しあえるベストなパートナーであった。

悩めるパートナーである塙さんに、シュバイツァー会長は、

「日産の抱えている問題はかつてのルノーと似ている。ついてはそれを立て直した人物にプレゼンテーションをさせたい」

と申し出てくれたという。それがカルロス・ゴーン氏だった。

そして塙さんをはじめとした日産の経営トップが彼のプレゼンテーションを聞いたとき、その内容、手腕、情熱に大きなショックを受け、これなら日産を再建できると確信したのだという。

塙さんはシュバイツァー会長に「ゴーンさんを貸してほしい」と申し入れたが、当初

シュバイツァー会長は断っていた。その後「３年だけ貸そう」と言って、ゴーン氏の来日が現実のものとなった。そして塙社長は「戦時の変革の時には、一人の人間にすべてを任せることがとても大事だ」と考え、会社のオペレーションのすべてをゴーン氏に手渡した。

わずか数名の部下だけを連れて日本にやってきたゴーン氏が、両トップの思いである「ルノーと日産の対等な関係」を尊重し、日産の若手社員とともに新しい日産を再構築していったことはあまりにも有名な話である。クロスファンクショナルチーム、コミットメント経営、アカウンタビリティなどの新しい仕組みはことごとく機能したが、それができたのはゴーン氏が、日産のアイデンティティーを尊重したことが大きかった。もし塙さんの英断がなかったら、日産のサクセスストーリーはなかった。

出世を目指す人には、「信念」と「誠実さ」を忘れないでいただきたい。長く語り継がれるリーダーには、必ずこの２つが備わっているのだ。

おわりに

私は若いときから、日経新聞を読んできたが、ビジネスマン生活を終えた今でも毎日欠かさず読むコラムがある。「私の履歴書」である。

ノーベル賞を受賞した科学者や偉大な作家、女優など大きな実績を挙げた人たちが登場し、生い立ちから学生時代のこと、社会に出てからの経験や自分の思想形成のこと、家族のことなどを紹介している。

そこに登場する人たちの中でも経済人の「私の履歴書」は、私自身の経験と重ね合わせて読むせいか本当に興味深く、ついつい引き込まれて読んでしまう。

希望した大学を二度も落ちたとか、若いとき仕事でこんな失敗をしたとか、上司とぶつかって左遷された、などさまざまな困難にぶつかり、苦闘しながらそれを乗り越えトップに至った物語には大きな感動と共感を覚える。

出世はその人の能力と努力と人間性のバロメータである。

記憶力、洞察力、決断力といった能力があったり、与えられた業務に真正面から取り組む努力をしたり、人を思いやる人間性があったりするなど、なにがしか人に秀でるものがあれば出世していく。

もちろん運も出世のひとつの要因であり、運も実力のうちである。それでも準備のできていない者に幸運は訪れない。

私は周りで多くの出世していく人たちを見てきたが、そういう生きざまを見ることは実に心が昂《たかぶ》り楽しいものである。

多くの人は豊臣秀吉《とよとみひでよし》や田中角栄の出世物語を喜んで読むではないか。

他人の出世を知ってそう感じるのだから、自分が出世することはその何倍も胸躍ることである。

それなのに多くの人が強く出世を目指さないのは不思議なことである。

一歩前に出る勇気に欠けているからではないか。アドラーの心理学ではないが、「一歩前に出ることで人は変われる。だれもが幸福になれる」のであり「人生とはだれかに与えられるものではなく、自ら選択するもの」なのだ。

まずは出世しようと思い立つことが大事である。

出世するためには良い習慣を持つ、苦難に立ち向かう勇気を持つ、人に情けをかける、戦略を練る、自分を冷静に評価する、相手を観察する、自信を持つ、仲間を作るなどさまざまな努力と工夫がいる。

そうしたことを心掛け、努力していけば出世していくし、地位が向上すれば人間的にも能力的にもすぐれた多くの知人を得ることができ、周囲の人たちから信頼や賞賛を受け、その上、経済的恩恵も受け取ることができる。

その結果、自分は当然のことで、家族も周囲の人たちも幸せにできるのだ。

出世というものは、その人の人生の総合力の結果であり、ある意味芸術的なことでもある。

出世を目指すことは、自分の可能性に挑戦し、自分を成長させ自分を幸せにすることである。

今回は今まで私が著してきたものと少し違ったトーンの本に仕上がった。

従来の本は、働き方の改革や人間としてのあり方など、やや倫理的ものであったが、今回は出世欲を持てといった俗物的な話になった。

しかし「出世欲」は社会でよりよく生きていく上で大きなモチベーションであることは否定できない。

自己実現や社会貢献というのはやはり出世という形ができることで達成感も深まるところもあるのではないかと考える。

こうして考えると、前著『上司の心得』と本書『出世のすすめ』とは、切っても切れない関係にあるようだ。

人の上に立ち、背負うものが大きくなればなるほど人は苦労もするが、成長し、より大きな舞台へと進む準備を整えていくことができる。

そして目指す場所が高くなればなるほど、より多くの人がその後に従うだろう。

そのような道へと一歩を踏み出していくのなら一刻も早く、今この時からである。

佐々木常夫（ささき・つねお）

1969年、東京大学経済学部卒業、同年東レ入社。自閉症の長男を含め３人の子どもを持つ。しばしば問題を起こす長男の世話、加えて肝臓病とうつ病を患った妻を抱え多難な家庭生活。一方、会社では大阪・東京と６度の転勤、破綻会社の再建やさまざまな事業改革など多忙を極め、そうした仕事にも全力で取り組む。

2001年、東レ同期トップで取締役となり、03年より東レ経営研究所社長となる。

10年、㈱佐々木常夫マネージメント・リサーチ代表。

何度かの事業改革の実行や３代の社長に仕えた経験から独特の経営観を持ち、現在、経営者育成のプログラムの講師などを務める。社外業務としては内閣府の男女共同参画会議議員、大阪大学客員教授などの公職を歴任。

著書は『決定版　上司の心得』（角川新書）など多数。

決定版《けっていばん》　出世《しゅっせ》のすすめ

佐々木常夫《ささきつねお》

2016年11月10日　初版発行

発行者　郡司 聡
発　行　株式会社KADOKAWA
東京都千代田区富士見2-13-3　〒102-8177
電話　0570-002-301（カスタマーサポート・ナビダイヤル）
受付時間 9:00～17:00（土日 祝日 年末年始を除く）
http://www.kadokawa.co.jp/

編集協力　山田恵子（エアリーライム）
装 丁 者　緒方修一（ラーフイン・ワークショップ）
ロゴデザイン　good design company
オビデザイン　Zapp!　白金正之
印 刷 所　暁印刷
製 本 所　BBC

角川新書

ISBN978-4-04-082098-9 C0295

KADOKAWAの新書 好評既刊

9条は戦争条項になった

小林よしのり

集団的自衛権の行使を容認する安保法制が成立し、憲法9条は戦争条項となった。立憲主義がないがしろにされるなか、国民はここからどこに向かうべきか。議論と覚悟なくして従米から逃れる道はないと説く警告の書。

気まずい空気をほぐす話し方

福田 健

「苦手な上司」「苦手な取引先」「苦手な部下」「苦手なお客様」「苦手なご近所さん」等々、苦手な相手とのコミュニケーションでは、「気まずい空気」になりがちだ。その「いや～な感じ」をほぐす方法を具体例で示す。

里山産業論

「食の戦略」が六次産業を超える

金丸弘美

「食の戦略」で人も地域も社会も豊かになる！ 地域のブランディングを成立させ、お金も地元に落とせるのは補助金でも工場でもなく、その地の〝食文化〟である。それが雇用も生む。ロングセラー『田舎力』の著者が放つ、新産業論。

決定版 上司の心得

佐々木常夫

著者が長い会社人生の中で培ってきたリーダー論をこの一冊に集約。孤独に耐え、時に理不尽な思いをしながらも、勇気と希望を与え続ける存在であるために、心に刻んでおくべきこととは？ 繰り返し読みたい「上司のための教科書」。

文系学部解体

室井 尚

文部科学省から国立大学へ要請された「文系学部・学科の縮小や廃止」は、文系軽視と批判を呼んだ。考える力を養う場だった大学は、なぜ職業訓練校化したのか。学科の廃止を告げられながらも、教育の場に希望を見出す大学教授による書。

KADOKAWAの新書 ❦ 好評既刊

語彙力こそが教養である
齋藤 孝

ビジネスでワンランク上の世界にいくために欠かせない語彙力は、あなたの知的生活をも豊かにする。読書術のほか、テレビやネットの活用法など、すぐ役立つ方法が満載！ 読むだけでも語彙力が上がる実践的な一冊。

かんたん脳強化トレーニング！ 脳番地パズル
加藤俊徳

効かない脳トレはもういらない。1万人以上の脳画像の解析からたどり着いた「脳番地」別の特製パズルを解くだけで、あなたの頭がみるみるレベルアップする！ 各メディアで話題の最新「脳強化メソッド」実践編の登場！

メディアと自民党
西田亮介

問題は政治による圧力ではない。小選挙区制、郵政選挙以降の党内改革、ネットの普及が、メディアに対する自民党優位の状況を生み出した。「慣れ親しみの時代」から「隷従の時代」への変化を、注目の情報社会学者が端的に炙り出す。

総理とお遍路
菅 直人

国会閉会中に行なった著者のお遍路は八十八カ所を巡るのに10年を要した。それは激動の10年。政権交代、総理就任、震災、原発事故、そして総理辞任、民主党下野まで。総理となった者は何を背負い歩き続けたのか。

成長なき時代のナショナリズム
萱野稔人

パイが拡大することを前提につくられてきた近代社会が拡大しない時代に入った21世紀、国家と国民の関係はどうなっていくのか。排外主義や格差の拡がりで新たな局面をみせるナショナリズムから考察する。